ISBN 978-0-259-11374-4
PIBN 10683917

This book is a reproduction of an important historical work. Forgotten Books uses
state-of-the-art technology to digitally reconstruct the work, preserving the original format
whilst repairing imperfections present in the aged copy. In rare cases, an imperfection in
the original, such as a blemish or missing page, may be replicated in our edition. We do,
however, repair the vast majority of imperfections successfully; any imperfections that
remain are intentionally left to preserve the state of such historical works.

# 1 MONTH OF
# FREE
# READING

## at

## www.ForgottenBooks.com

By purchasing this book you are eligible for one month membership to ForgottenBooks.com, giving you unlimited access to our entire collection of over 700,000 titles via our web site and mobile apps.

To claim your free month visit:

English
Français
Deutsche
Italiano
Español
Português

# www.forgottenbooks.com

**Mythology** Photography **Fiction**
Fishing Christianity **Art** Cooking
Essays Buddhism Freemasonry
Medicine **Biology** Music **Ancient**
**Egypt** Evolution Carpentry Physics
Dance Geology **Mathematics** Fitness
Shakespeare **Folklore** Yoga Marketing
**Confidence** Immortality Biographies
Poetry **Psychology** Witchcraft
Electronics Chemistry History **Law**
Accounting **Philosophy** Anthropology
Alchemy Drama Quantum Mechanics
Atheism Sexual Health **Ancient History**
**Entrepreneurship** Languages Sport
Paleontology Needlework Islam
**Metaphysics** Investment Archaeology
Parenting Statistics Criminology
**Motivational**

# BIBLIOTHEQUE

## DE LA

## Paroisse Notre-Dame d'Ottawa

❖

## AVIS

1o.—Prenez soin de ce volume comme s'il vous appartenait.

2o.—Recouvrez-le en papier.

3.—Ne le prêtez pas à d'autres.

4o.—Ne le laissez pas à la portée des enfants.

5o.—Tout dommage autre que l'usure ordinaire devra être payé d'après l'appréciation faite par le directeur et sur refus de le faire l'abonnement cessera.

6o.—Ne le gardez pas plus de quinze jours.

7o.—Lorsque vous devez le changer, choisissez dans le catalogue le volume que vous voulez retirer.

8o.—Remettez le volume à changer aux bibliothécaires, afin qu'elles l'inscrivent dans le régistre de distribution.

9o.—En présentant votre carte signé par la secrétaire, désignez le numéro d'ordre du volume que vous voulez avoir.

# aint Césaire

(470-543)

PAR

## L'ABBÉ M. CHAILLAN

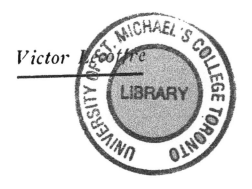

nt Césaire

*Collection publiée sous la direction de* M. Henri JOLY, de l'Institut.

## DERNIERS VOLUMES PARUS :

La B<sup>se</sup> **Marguerite-Marie**, par Mgr DEMIMUID.

**Saint Charles Borromée**, par LÉONCE CELIER. *Deuxième édition.*

**Le B<sup>t</sup> Urbain V**, par l'abbé M. CHAILLAN. *Deuxième édition.*

**La Vénérable Louise de Marillac**, M<sup>lle</sup> Le Gras, par EMMANUEL DE BROGLIE. *Troisième édition.*

**Saint Patrice**, par M. l'abbé RIGUET.

**La Vénérable Catherine Labouré**, par EDMOND CRAPEZ. 5<sup>e</sup> *édition.*

**Saint Léon le Grand**, par ADOLPHE REGNIER. *Deuxième édition.*

**Saint Léger**, par le R. P. CAMERLINCK.

**Saint Ferdinand III**, par JOSEPH LAURENTIE.

**Saint Sidoine Apollinaire**, par PAUL ALLARD. *Deuxième édition.*

**La B<sup>se</sup> Mère Barat**, par GEOFFROY DE GRANDMAISON. *Sixième édit.*

**La Vénérable A.-M. Javouhey**, par V. CAILLARD. *Deuxième édition.*

**Saint Thomas Becket**, par M<sup>gr</sup> DEMIMUID. *Deuxième édition.*

**Saint Benoît Joseph Labre**, par M. MANTENAY. *Deuxième édition.*

**Saint Séverin**, par ANDRÉ BAUDRILLART.

**Sainte Mélanie**, par GEORGES GOYAU. *Cinquième édition.*

**Saint Pierre Damien**, par Dom RÉGINALD BIRON. *Deuxième édition.*

**Les Martyrs de Gorcum**, par HUBERT MEUFFELS. *Deuxième édition.*

**Sainte Hélène**, par le R. P. ROUILLON. *Deuxième édition.*

**Saint Martin**, par ADOLPHE REGNIER. *Troisième édition.*

**Saint Eloi**, par PAUL PARSY. *Deuxième édition.*

**Le Bienheureux Père Eudes**, par HENRI JOLY. *Troisième édition.*

**Madame Louise de France, la Vénérable Thérèse de Saint-Augustin**, par GEOFFROY DE GRANDMAISON. *Quatrième édition.*

**Sainte Colette**, par ANDRÉ PIDOUX. *Deuxième édition.*

**Le B<sup>t</sup> Fra Angelico de Fiesole**, par HENRY COCHIN. 4<sup>e</sup> *édition.*

**Saint Théodore**, par l'abbé E. MARIN. *Deuxième édition.*

**Saint Pierre**, par L.-CL. FILLION. *Troisième édition.*

**Saint François de Borgia**, par PIERRE SUAU. *Troisième édition.*

**Saint Colomban**, par l'abbé EUG. MARTIN. *Deuxième édition.*

**Saint Odon**, par Dom DU BOURG. *Deuxième édition.*

**Le B<sup>t</sup> Curé d'Ars**, par JOSEPH VIANEY. *Vingt-deuxième édition.*

**La Sainte Vierge**, par RENÉ-MARIE DE LA BROISE. *Sixième édition.*

**Les B<sup>ses</sup> Carmélites de Compiègne**, par VICTOR PIERRE. 5<sup>e</sup> *édition.*

**Saint Paulin de Nole**, par ANDRÉ BAUDRILLART. *Deuxième édition.*

**Saint Irénée**, par ALBERT DUFOURCQ. *Deuxième édition.*

**La B<sup>se</sup> Jeanne de Lestonnac**, par l'Abbé R. COUZARD. 2<sup>e</sup> *édition.*

**Saint Léon IX**, par l'Abbé EUG. MARTIN. *Deuxième édition.*

**Saint Wandrille**, par Dom BESSE. *Deuxième édition.*

**Le B<sup>t</sup> Thomas More**, par HENRI BREMOND. *Troisième édition.*

**Sainte Germaine Cousin**, par L. et F. VEUILLOT. *Quatrième édition.*

**La B<sup>se</sup> Marie de l'Incarnation**, M<sup>me</sup> ACARIE, par E. DE BROGLIE. 3<sup>e</sup> *édit.*

**Sainte Hildegarde**, par l'Abbé PAUL FRANCHE. *Deuxième édition.*

**Saint Victrice**, par l'Abbé E. VACANDARD. *Deuxième édition.*

**Saint Alphonse de Liguori**, par J. ANGOT DES ROTOURS. 3<sup>e</sup> *édition.*

**Le B<sup>t</sup> Grignion de Montfort**, par ERNEST JAC. *Troisième édition.*

**Saint Hilaire**, par le R. P. LARGENT. *Troisième édition.*

**Saint Boniface**, par G. KURTH. *Troisième édition.*

**Saint Gaëtan**, par R. DE MAULDE LA CLAVIÈRE. *Deuxième édition.*

**Sainte Thérèse**, par HENRI JOLY. *Dixième édition.*

**Saint Yves**, par CH. DE LA RONCIÈRE. *Troisième édition.*

**Sainte Odile**, par HENRI WELSCHINGER. *Quatrième édition.*

**Saint Antoine de Padoue**, par l'abbé A. LEPITRE. *Cinquième édition.*

**La Bienheureuse Jeanne d'Arc**, par L. PETIT DE JULLEVILLE. *11<sup>e</sup> édit.*

*Chaque volume se vend séparément. Broché.* 2 fr.

*Avec reliure spéciale.* . . 3 fr.

# Saint Césaire

(470-543)

PAR

L'ABBÉ M. CHAILLAN

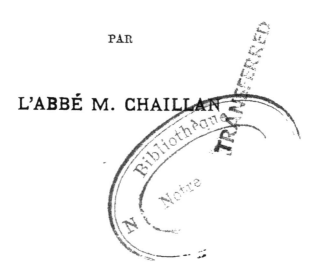

PARIS

LIBRAIRIE VICTOR LECOFFRE

J. GABALDA & Cie

RUE BONAPARTE, 90

—

1912

*NIHIL OBSTAT*

Parisiis, die 22ᵃ martii 1912.

F. MONIER,
**P. S. S.**

————

# IMPRIMATUR

Parisiis, die 29ᵃ martii 1912.

G. LEFEBVRE,
*v. g.*

Fréjus, le 2 mars 1912.


Monsieur le Curé,

Vous m'avez demandé de présenter moi-même au public votre *Saint Césaire*. Ce grand pontife est bien nôtre aussi, puisque c'est Lérins qui l'a formé à la sainteté. J'aurais résisté pourtant à vos désirs si, avec une délicatesse qui me touche, vous ne les aviez surtout appuyés sur une circonstance d'ordre tout intime... à savoir, dites-vous, que j'aurais été, au début de votre sacerdoce, le révélateur de votre vocation aux études historiques.

S'il faut, à cet égard, en juger par le cas que les maîtres du savoir firent de vos premières recherches, et par le succès croissant de vos productions ultérieures, j'ai lieu d'être fier de mon parrainage; et j'aurais vraiment mauvaise grâce aujourd'hui à en décliner les devoirs.

On a beaucoup écrit sur saint Césaire. Condenser en un volume restreint, ainsi que l'exige la collection hagiographique qui doit déjà son *Bienheureux Urbain V* à votre collaboration, le long apostolat et les multiples institutions du célèbre évêque des Gaules, aux vᵉ et vιᵉ siècles, semblait plus difficile encore que de vous assimiler la riche bibliographie du sujet, et vous rendre compte sur place du théâtre et des sources de sa prodigieuse carrière. Vous avez su résoudre le problème, et votre plume, tantôt stylet, tantôt pinceau, mue par une acuité d'intuition qui vous fait saisir au passage le trait révélateur, dans un texte, la pensée dominatrice, dans une œuvre, nous donne avec un relief de touche et dans son atmosphère vibrante, un saint Césaire tout palpitant de vie, qui descend de sa niche hiératique comme, dans une incomparable *canzone,* Mistral met en procession, la nuit, les saints de pierre du porche de St-Trophime.

Votre livre à la main, on sent son action, on écoute sa voix véhémente ou tendre, toujours pratique. On le suit dans ses tournées pastorales où avant tout il veut racheter les esclaves, délivrer les captifs des guerres, et se faire curé de campagne. On le voit présider les conciles, l'oreille toujours tendue vers Rome : notamment ce fameux concile d'Orange qui domine encore dans l'histoire du dogme, ayant tué pour toujours l'erreur pélagienne; enfin on l'escorte dans les exils, que les caprices des rois, qu'il respecta sans les servir, lui infligèrent aux moindres soupçons, proscriptions qui bientôt se muaient en triomphes et subjuguaient le proscripteur lui-même. Auquel, d'ailleurs, de ses chefs politiques eût-il pu sagement s'inféoder ? Tour à tour, sans parler des Burgondes, Arles et son immense diocèse dépendirent, sous saint Césaire, des Wisigoths, des Ostrogoths, finalement des Francs. Les Mérovingiens attaquant Alaric, roi d'Arles, se figuraient Césaire favorable à leur ennemi arien : Alaric, puis Théodoric, le suspectaient de facilité pour les Francs catholiques... Destinée inévitable des Évêques, uniquement préoccupés de Dieu et des âmes, de souffrir ici-bas de la part de ceux qui voudraient faire de la Religion un rouage de leur puissance. Plus tard l'histoire, et déjà Dieu, là-haut, suffisent à leur gloire.

Mais je m'oublie, mon cher curé. C'est la faute à votre livre. S'il ne peut dire tout, il fait tout entrevoir et porte beaucoup à réfléchir.

Ce tumultueux et terrible VI<sup>e</sup> siècle ! Il préside à la transmission du vieil établissement romain aux jeunes empires des barbares. Il achève en Gaule la lutte longue et acharnée, plus politique encore que confessionnelle, entre le christianisme-bâtard de l'arianisme, et le christianisme pur, intégral, toujours le même, incarné dans l'Église catholique qui de saint Pierre à Pie X dit la parole de vie.

M. Hanotaux assurait hier, à l'Académie française, que les grands hommes sont fils non de la fatalité, mais de la nécessité et qu'ils sont, par

vocation, des metteurs en ordre. Ainsi, car la
« nécessité » c'est surtout la Providence, en fut-il
de saint Césaire pour la gloire de Dieu et le salut
de notre Patrie provençale et française.

Recevez, Monsieur le Curé, avec mes félicita-
tions, l'expression de mon bien affectueux dévoue-
ment.

† FÉLIX,
évêque de Fréjus.

# SAINT CÉSAIRE

## CHAPITRE PREMIER

NAISSANCE DE CÉSAIRE. — SA VIE A CHALON
ET A LÉRINS.

Les Éduens furent longtemps célèbres entre tous
les Gaulois; au temps de Jules César ils passaient
pour le plus civilisé des peuples celtiques. Leur
pays était un centre religieux de premier ordre, un
ardent foyer de druidisme. Sous les lois de Rome,
ils n'avaient rien perdu de leur importance, rien
changé à leur caractère. Ausone nous apprend qu'au
IVe siècle, ses parents éduens gardaient encore le
culte des choses gauloises, le respect des souvenirs
nationaux, l'amour de la patrie municipale [1].

Mais, à côté de ces vigoureux sentiments de l'antiquité, la civilisation du Latium avait été peu à peu

1. Camille Jullian, membre de l'Institut, *Ausone et son
temps.*

SAINT CÉSAIRE.

reçue dans les grandes familles avec un loyalisme
sincère. L'empire des Augustes se concilia si bien
l'estime des vieilles races que les nouveaux citoyens
romains s'appelaient assez souvent du nom des vainqueurs. Faire honneur à ce nom était leur ambition. Quand on songe à l'éclat dont rayonna celui
de César, on peut se demander si un des ancêtres de
Césaire ne fut pas un guerrier mis en liberté par
Jules et recevant ou réclamant le nom illustre autant que gracieux de *Cæsarius*. De cela, sans doute,
il n'existe aucun souvenir. Ce que nous savons, c'est
que Césaire naquit dans le territoire de Chalon-sur-
Saône, en plein pays éduen. La date de sa venue
au monde est 470. Ses parents lui donnèrent les
plus beaux exemples de foi, de piété, de vertus.

Ils habitaient le voisinage de Chalon et comp-
taient parmi les propriétaires de cette circonscription
territoriale dépendant autrefois de la cité d'Autun.
Or toute l'œuvre de Césaire nous prouve combien
il aima la campagne et se montra Romain de goût
et de mœurs. On y vit si heureux, dans son domaine! On se plaît tant à l'ombre des forêts! On
admire avec une telle joie les sites ravissants des
vallons, des plaines et des collines! Césaire a observé
la nature, et dans ses sermons il laisse voir qu'il
connaît très bien la vie du paysan. Les beaux vignobles de la Bourgogne, les prairies à élevage,
les automnes exquis de calme, rien n'est oublié. Il
ajoute à cela les traditions superstitieuses des Celtes,
et les fleurs et les arbres et les fontaines, que les
gens rustiques adoraient encore de son temps. '

Un trait caractéristique du tempérament de Césaire
est donc son amour de la nature et aussi une spéciale inclination vers la bonté. Il avait sept ans,

disent ses biographes contemporains[1], qu'il se dé-
pouillait déjà de ses vêtements pour en couvrir les
pauvres. Souvent il arrivait demi-nu à la maison.
Tremblant, il cherchait alors à éviter les reproches
de sa mère : « J'ai été volé, criait-il, un passant
s'est emparé de mes habits ». Que cela est touchant, et quel charme particulier ont ces premiers
actes, ces petites supercheries, ces irréflexions de
l'innocence!

Il est possible que Césaire ait exercé cette charité ingénue sur le chemin solitaire qui conduisait
à sa villa, mais ses pauvres camarades et voisins ont
dû aussi profiter de ses aumônes généreuses. Comme
un arbuste qui donnerait ses fruits avant les fleurs,
Césaire n'attendit pas de longues années pour faire
épanouir les plus belles vertus, dit Cyprien de Toulon. Cet évêque, ami, disciple de notre saint, a
écrit avec Firmin et Vivence une *Vita* précieuse[2],
quoique très courte, sur Césaire. Malheureusement
il ne nous dit pas quels furent ses premiers pro-
fesseurs.

L'instruction scolaire était très développée aux
ive et ve siècles. Les Universités enseignaient tout,
depuis la lecture jusqu'au droit. On y parcourait
le cycle complet des études; on y trouvait à la fois
l'école primaire, le lycée, la faculté. C'était un
grand avantage pour les jeunes gens. Ils s'atta-
chaient à ce centre intellectuel, qui devenait pour
eux une seconde famille pleine de livres et d'amis
agréables, bien close, caressée de douces admira-
tions.

---

1. *Vita S. Cæsarii episcopi*, lib. I, cap. i, 3.
2. *Vita S. Cæsarii episcopi, auctoribus Cypriano, Firmino
et Viventio episcopis.*

Du texte de Cyprien on est en droit de déduire que le jeune Césaire ne suivit pas les cours d'une grande Université. Peut-être alla-t-il quelque temps au collège municipal de Chalon, ou bien sa famille lui procura-t-elle un maître privé, ainsi qu'on le pratiquait dans certains cas [1]. Quoi qu'il en soit, la culture du jeune homme ne fut pas aussi profonde ni aussi générale que celle de plusieurs de ses contemporains. Son esprit, formé surtout par la contemplation de la nature, se plut médiocrement aux leçons de rhétorique.

A cette époque de transition, d'ailleurs, des pères et des mères très chrétiens, comme ceux de Césaire, cherchaient à préserver leurs enfants d'une éducation classique presque entièrement vouée aux choses de l'antiquité. Et, quand ils n'avaient pas à portée une école cléricale où la culture romaine se mélangeait aux idées sévères de l'Église, leur choix était fait : ils préféraient souvent le manque d'instruction. Chalon venait de voir, en 473, jusqu'à quel point erraient sans la piété les plus beaux talents. D'après Sidoine Apollinaire, trois factions, avec chacune son candidat, ayant divisé la ville pour l'élection de l'évêque, il avait fallu que saint Patiens de Lyon s'y rendît en personne pour ordonner le plus digne [2].

Dans son épître à l'abbesse Oratorie, qui était une parente ou une amie de sa famille, Césaire avoue, vraisemblablement avec exagération, « qu'il était un jeune homme de peu d'espérance, marchant

---

1. *Cæsarius von Arelate*, von Carl Franklin Arnold, pp. 19 et suiv.
2. Sid. Ap., lib. IV, *ep.* 25.

dans le chemin des plaisirs, recherchant le bonheur mondain ».

A dix-huit ans, il prit une détermination généreuse et, renonçant au monde, il alla se jeter aux
pieds de son évêque, Silvestre. Il le supplia avec
instance de l'arracher à l'affection familiale, aux
biens de son patrimoine, aux coutumes du siècle[1].

Silvestre remercia Dieu de cette vocation et admit aussitôt Césaire à l'honneur de la cléricature.
Avec ses cheveux courts et sa robe longue[2], le nouveau lévite vivait heureux sous l'œil des siens et
l'exemple d'un saint. Troisième évêque de Chalon,
Silvestre a laissé dans son église une mémoire bénie. Penser à la vie éternelle, lire la Bible dans
l'école cathédrale était l'application de son clergé ;
pratiquer la vertu, se sanctifier demeurait son
exercice personnel. Grégoire de Tours raconte que
l'on vénérait de son temps, dans la sacristie de
Chalon, le lit de cordes dures sur lequel ce pontife avait l'habitude de dormir, et il affirme que sa
mère avait obtenu la guérison d'une jeune fille
par le simple attouchement d'une parcelle de ces
cordes[3].

Césaire éprouvait donc un bonheur extrême
dans sa situation nouvelle. Il regardait ses maîtres,
il voyait ses pieux parents, il servait en paix son
Dieu : c'était l'idéal, semble-t-il, qu'il avait rêvé.

Mais non, à cette âme assoiffée de sacrifices il
fallait une donation plus complète, une séparation

---

1. Lib. I, cap. I, 4.
2. *Ibidem* : « *Ablatis sibi capillis, mutatoque habitu... divino
eum pontifex servitio mancipat nec patitur ultra supplicem se
a parentibus ad prædium affectusque pristinos revocari...* »
3. Greg. Tur., *De Glor. confess.*, cap. 85.

totale de sa famille, une rupture avec le monde.
Suivant l'impulsion de la grâce, il cherche un cloître pour être entièrement au Christ dans le déta-
chement absolu de sa patrie, de la tendresse humaine et des choses terrestres [1].

Le fleuve monastique, coulant des déserts de l'É-
gypte, s'était épanché en Occident; il vint féconder
un petit archipel du midi de la Gaule. Lérins,
que festonne harmonieusement la vague marine,
exerça sur Césaire un charme irrésistible, avec l'a-
rome pénétrant de ses saints et la douceur des joies
célestes. Il ne dit point adieu à sa famille, mais,
prenant congé seulement de l'évêque, il se dirigea
secrètement vers les rives de la Saône. Un serviteur
l'accompagnait. Tous deux réussirent à se cacher aux
regards aussi bien qu'aux recherches des hommes
que la mère inquiète du fugitif avait dépêchés sans
retard à sa poursuite [2]. Les éléments ne sont que
des instruments entre les mains de Dieu. S'en servant à son gré, dit le premier biographe, il fit deux
miracles pour favoriser le début de cette vocation :
personne qui remarquât ou trahît les voyageurs
dans leur course ; aucune attention donnée au démon qui criait sans cesse : « Ne t'en va pas, Césaire,
reste en ton pays ».

De Lyon, Césaire se hâta vers la belle cité de
Vienne. Devant ses riches palais, ses temples, ses
théâtres, une voix lui disait : « Va plus loin, le monde
n'est pas pour toi ». Et il descendit à Avignon, puis

_____

1. « *Divinæ gratiæ instigatione succensus deliberat arctius
semetipsum divino mancipare servitio et, pro amore regni cœle-
stis, non solum parentibus sed et patriæ redderetur extraneus.* »
*Ibidem,* cap. I, 4.

2. Lib. I, cap. I, 5.

à Arles; il traversa la Crau pierreuse que Jupiter, selon la légende, avait maudite, et il arriva enfin à Marseille.

Ce port fameux était la grande route de l'Orient. De sa rade partaient sans cesse des navires pour Alexandrie et Constantinople, c'est-à-dire vers le berceau même du monachisme. En parcourant les rues de la ville phocéenne, en contemplant les eaux bleues de son golfe, Césaire eut, sans doute, la tentation de s'embarquer pour le pays des anachorètes les plus illustres tels que Paul, Antoine, Pacôme, Hilarion, Athanase et Jérôme. Mais il repoussa de pareilles pensées qui obsédaient son âme. Il ne voulut point d'un voyage à Rome. Il sut résister à l'attraction des cellules de Saint-Victor. Cette abbaye, cachée dans les forêts qui bordaient la mer, était le refuge de la piété provençale. Victor, officier d'une légion romaine, y avait été enseveli dans une grotte. C'est là que Cassien, d'abord moine à Bethléem, s'établit avec des milliers de religieux. Il y composa ses *Institutions* et ses *Collations*, qui ont immortalisé son nom.

Béni par les Cassianites, qui lui laissèrent une impression céleste, ineffaçable[1], Césaire va rejoindre la voie aurélienne, salue Fréjus avec ses magnificences antiques et, joyeux, se présente à Lérins. C'est l'abbé Porcaire et son conseil de vieillards qui reçoivent le postulant. De grands saints, une lignée considérable de savants avaient ennobli ce lieu qui était devenu le séminaire de l'épiscopat gaulois.

---

1. Césaire, plus tard, enverra sa sœur à Marseille pour s'y former auprès des religieuses cassianites, avant de fonder le monastère des Alyscamps.

Non loin du littoral méditerranéen, à l'entrée d'un double golfe, qui affecte la forme d'un vaste amphithéâtre, entre deux des plus anciennes cités de la Gaule, Antibes et Fréjus, émergent à peine au-dessus de la mer les îles de Lérins, « verte aigrette des flots », selon la poétique expression de Mistral[1].

Le voyageur qui sort de Marseille ou de Toulon, pour cingler vers l'Italie, regarde avec agrément ces rochers surmontés de bouquets de pins et, cha-que hiver, la côte d'azur envoie ses hôtes cosmopo-lites admirer, à quelques milles de Cannes, un des foyers les plus féconds du progrès moral de l'hu-manité. Déjà à « Lero » (île Sainte-Marguerite) et à Lerinus (île Saint-Honorat), les Phéniciens, les Grecs, les Romains s'étaient créé des séjours d'élection. « A Neptune, nous disent trois lignes gravées sur un cippe local, Vera Montana éleva un monument ». Le collège si précieux des bateliers Utriculaires, ajoute le texte d'une belle colonne, y reçut les hommages de Caius Julius Catullinus. Et les fragments de sta-tues, de chapiteaux, de fûts couronnés de décorations, de bas-reliefs, réunis près du cloître en une sorte de musée ou encastrés dans les bâtiments, témoignent de l'importance antique de l'archipel de Lérins.

Cette désignation est donnée de préférence à Lerinus, que les premiers habitants chrétiens ont appelé Saint-Honorat, du nom du célèbre fonda-teur de leur monastère.

Le moine Vincent Barrali nous a laissé dans sa

---

1.     E, dins la lus de si legendo,
   Lis isclo de Lerin, verd plumet de la mar,
   Sourtien de l'oundo acoulouri io.

   *(Calendau, ch. xii.)*

*Chronologie*[1] quelques poèmes en prose ou en vers composés en l'honneur de Lérins. « Tapissée de verdure, dit saint Eucher au v⁰ siècle, étincelante de fleurs, riche en sites délicieux et exhalant des senteurs embaumées, l'île de Lérins offre à ceux qui la possèdent l'image du ciel qu'ils posséderont un jour[2]....

« Honorat, dont le beau visage rayonnait d'une douce et attrayante majesté, y ouvrit les bras de son amour aux fils de tous les pays qui voulaient aimer le Christ, et il lui arriva, de toutes les nations, une foule de disciples qui chantent cette retraite paisible, le silence de la forêt, enfin l'inspiration de la mer.....

« Tandis que les doigts agiles, s'écrie Denis Faucher, font vibrer les cordes de ma lyre, le laurier ami de Lérins semble répéter mes accords; la cime mélodieuse des pins et le myrte agité par le zéphyr font entendre un doux bruissement. »

Elle est si fortunée, cette île, que, de toutes parts, l'encadrent des paysages divins. Au nord, ce sont les olivettes au pâle feuillage; à gauche, l'Estérel, couleur de feu, avec ses écueils battus par les flots; d'ici, de là, des morceaux de rochers semblant détachés des mers de Grèce; partout, le sourire des fleurs, le parfum des lentisques et la renommée de la science, de l'amour, de la foi.

Voilà donc l'asile délicieux où pénétra Césaire vers l'âge de vingt ans. Sur-le-champ il s'adouna à l'étude et à la pratique des règles, interprétées par le génie de Fauste avec une magistrale compréhension de la nature humaine[3].

---

1. *Chronologia sanctorum et aliorum virorum illustrium ac abbatum insulæ Lerinensis*, V. Barrali.
2. *De laude Eremi.*
3. Faustus, *Exhortatio ad monachos.*

Il régnait à Lérins un air de Thébaïde et une atmosphère d'école qui allait à merveille à l'âme de Césaire. Aux veilles de la nuit, il était le premier à se rendre ; à la prière du jour, au travail, à la leçon des maîtres il accourait avec régularité[1]. Quelque chose de la tendresse d'Honorat avait passé dans ses successeurs. Lire dans les âmes, y démêler tous les chagrins, faire servir Dieu selon la mesure des forces personnelles, ces vertus des pères de Lérins enthousiasmaient notre novice. Il retrouvait là toute une famille, toute une patrie, tout un monde. On respirait en plein le parfum de la vie. Ces moines qu'il fréquentait, ces frères qui avaient renoncé à la vie séculière, sentaient et proclamaient qu'ils tenaient le bonheur rêvé. Avec leur joie sereine et modeste, leur douceur, leur ferme espérance, on se croyait, selon le mot de saint Eucher, en présence d'un bataillon d'anges au repos[2]. Aussi un progrès extraordinaire se faisait dans l'être entier de Césaire. Doué d'un goût passionné pour la lecture, il cherchait à retrouver dans leurs ouvrages l'esprit de ses aînés. Le jardin érémitique du grand Eucher, comme l'appelle Bossuet, la puissante éloquence de Salvien, les enseignements paternels d'Honorat, d'Hilaire, les controverses de Vincent, surtout la voix du grave Fauste, tout l'invitait à mettre son intérieur en harmonie avec ce qu'il voyait. « A quoi lui servait-il d'habiter en ce lieu silencieux, s'il souffrait au dedans de lui-même la tourmente des passions? La tranquillité serait-elle au dehors et la tempête au dedans? Serait-ce la

1. « *Cœpit esse in vigiliis promptus; in observatione sollicitus; in labore devotus*, etc. ». Lib. I, cap. 1, 5.
2. Cf. Montalembert. *Les Moines d'Occident.*

peine d'avoir quitté le monde, qui était là-bas au loin, pour en garder les affections renfermées en lui-même?» Quand la mer bondissait en furie, alors que le monastère restait calme, le maître disait : « Cette mer agitée, c'est le monde; le monastère, c'est le port. Que devait se proposer le vrai moine? Fixer son ancre à jamais dans le port, fuir le monde, car les roches contre lesquelles les flots se brisent expriment l'image des écueils contre lesquels le moine inconstant est assuré de se briser[1] ».

Les *Instructions* de l'ancien abbé Fauste, écrites pour la formation des religieux de Lérins, renfermaient un fondement moral et ascétique en singulière harmonie avec les instincts de Césaire. Aussi y fit-il une riche moisson de maximes et d'observations, qui se trahira plus tard de mille manières dans ses sermons, ses lettres, ses règles aux moines.

Se combattre sans cesse, vivre de la vie parfaite ou se damner dans le cloître, voilà une remarque de Fauste que s'applique à méditer l'ardent novice de Lérins. Ne soyons donc pas étonnés de l'entendre dire le soir : « Voyons si j'ai passé ma journée sans péché, sans médisance, sans colère, sans scandale, sans étourderie... Qui me rendra les heures que j'ai consumées en vains propos? »

La froideur de la doctrine de Fauste ne rendait pas Césaire insensible à la joie. A la fin de ses méditations les plus sérieuses, il s'excitait à une grande gaieté d'âme. Le fond de sa nature était, d'ailleurs, ouvert aux impressions riantes, à la vivacité, à la promptitude, comme ses écrits nous le montrent fréquemment. Quand il lui arrivait d'avoir des saillies

---

1. *Sermo ad monachos.*

en conversation ou des impétuosités dans ses mouvements, il les réprimait de bonne grâce et, reconnaissant ses torts, se les faisait pardonner en toute humilité. Une catégorie de frères qu'il fuyait, c'étaient les égoïstes qui, toujours contents d'eux-mêmes, méprisent les autres, entrent en religion pour jouir et constamment sont prêts à la critique.

L'histoire du monastère ne nous a pas conservé beaucoup de noms des religieux qui vécurent en compagnie de Césaire. Car on ne peut affirmer [1] qu'Ennodins, évêque de Pavie, satisfait notre légitime curiosité sur ce point, lorsqu'il nous informe qu'un certain Antoine demeura deux ans à Lérins. Disciple de saint Séverin, cet Antoine de Pannonie devint un homme remarquable. Dédaignant les honneurs du siècle, il préféra la vertu aux plaisirs du monde et vint terminer sa vie au sein de cette île qui était le paradis de la sainteté.

Pour les jeunes, dit Ennodius, ce vieillard se montrait bon camarade ; pour les hommes de maturité, digne et grave ; pour les savants, instruit ; pour les simples, plein de modestie. Il unissait tout le troupeau si varié de talents et de nationalité pour en faire « un seul cœur, une seule âme ».

On peut dire que, entre tous, Césaire eût subi le charme de cet esprit original, de ce cœur vertueux, qui enseigna la doctrine de saint Augustin dans un milieu semipélagien.

Par ce commerce intime avec les plus fortes intelligences et les hommes les plus vertueux du monastère, notre novice devint, en peu de temps, profès

---

1. *Hist. littéraire*, III, 98, 104. — Arnold, *Cæsarius von Arelate*, ch. ii, pp. 53 et suiv.

accompli. Les sentences de Fauste, la direction de
Porcaire, l'amitié et la sagesse des anciens, l'émulation ardente des jeunes contribuèrent à lui donner
une impression de maturité très caractéristique.
La charge de cellerier étant vacante, le conseil
de l'abbaye s'empressa de la remettre à Césaire.
C'était une haute fonction pour un homme si jeune.
Les termes mêmes de la règle de Lérins suffisent pour
donner une idée du religieux sur la tête duquel re-
posait un tel pouvoir. « Le cellerier, dit cette règle,
sera de mœurs irréprochables, sage, prudent, sobre,
réservé et craignant Dieu. Il agira activement, généreusement, mais sans prodigalité ; en un mot, il se
regardera comme le père de la communauté. Les infirmes, les enfants, les hôtes, les pauvres seront
commis à sa vigilance, sachant bien qu'ils sont dignes de tous ses soins. »

Adroit dans la distribution des vivres, il les parta-
geait aux moines avec une stricte équité. « Ceux qui
avaient quelque besoin, il les contraignait de force
d'accepter le nécessaire, lors même que par morti-
fication ils s'abstenaient de demander; ceux qu'il
savait n'avoir aucun besoin avaient beau solliciter, il
ne voulait rien leur donner[1] ».

Ce mélange de bonté ingénieuse et de fermeté
pressante ne convint pas à certains religieux immor-
tifiés qui déjà pénétraient dans les meilleurs monastères, comme celui de Lérins. L'égoïsme est de tous
les milieux et de tous les âges. Pour échapper aux
préoccupations matérielles, des vocations douteuses
n'entraient-elles pas dans les cloîtres sans regarder
assez à la foi pure, surnaturelle, désintéressée? L'ex-

---

1. *Vita S. Cæsarii,* lib. I, cap. I, 6.

périence donna à Césaire des idées compétentes en psychologie monacale et lui ouvrit des horizons lumineux sur la réforme des habitudes contractées. Il apprit, sans doute, à exercer l'hospitalité avec une passion qui restera un de ses plus beaux titres de gloire. Les infirmes, les malades excitèrent en lui une sollicitude dont nous rencontrerons d'innombrables traits fleurissant sa carrière d'une façon touchante. Mais la condescendance n'ira jamais jusqu'à faire fléchir sa responsabilité. Soutenu par le sentiment invincible du devoir, il dira : « S'il est quelqu'un à qui ma conduite puisse déplaire, qu'il considère mon propre péril. Quand j'emploie la sévérité, c'est en vue du compte que j'aurai à rendre au tribunal du juge éternel. Je dois craindre que tous ceux pour lesquels j'aurai eu une fausse complaisance ne plaident contre moi, lorsqu'ils seront appelés en jugement devant le Christ. Je ne me sens ni assez de mérite pour prendre sur moi les péchés des autres, ni assez d'éloquence pour contredire tant de si grands saints qui ont fixé les règles de la discipline chrétienne ».

Aux religieux qui, dans leur sensualité paresseuse, se plaignaient de la sévérité, de la parcimonie, de la prudence excessive du cellerier, l'ancien abbé Fauste répondait : « Un moine doit fixer pour limite de ses désirs le nécessaire et ne pas vouloir ce qui flatte la convoitise. On ne vient pas au monastère pour avoir tout à discrétion, et il ne sert de rien d'avoir renoncé à ses biens propres, si l'on ne se détache aussi de la convoitise de tous les autres biens ».

Cependant les plaintes continuelles et les réclamations indiscrètes affluent auprès de Porcaire. Il n'est pas dur, le cellerier, il est trop exact. Et on veut l'écarter pour vivre plus à l'aise dans des habi-

tudes de ménagement, de douceur, de tranquillité.
· Afin d'apaiser les murmures, l'abbé résolut de
changer Césaire et lui ôta l'emploi qu'il gérait si régulièrement.

Personne ne fut plus content que l'ancien cellerier.
Sa disgrâce lui procura une joie indicible. Il pouvait
maintenant suivre ses goûts. Veiller, lire, étudier,
prier, chanter, voilà le rêve qu'il réalisa loin de la
basse envie de confrères toujours disposés à blâmer [1].

Dans les documents de Lérins nous lisons une
particularité intéressante pour les mœurs du v<sup>e</sup> siècle.
L'enseignement oral, les instructions verbales y permettaient le mélange de la vie cénobitique avec la
vie érémitique.

Des cellules séparées étaient réservées aux frères
qu'on jugeait assez parfaits pour pouvoir vivre seuls.
Libres de s'isoler dans de petits ermitages cachés au
milieu des lentisques, des pins et des oliviers, ils se
retrouvaient tous à la chapelle pour la récitation
des prières, l'assistance aux offices, l'instruction de
l'abbé. Césaire reçut avec bonheur une de ces cellules qu'on donnait aux anciens et se plongea éperdument dans la méditation des choses du ciel.

« O solitude bénie, s'écrie-t-il, ô bienheureux
paradis de mon île fortunée, où la majesté de notre
Rédempteur fait chaque jour de nouvelles conquêtes et où de si grandes défaites sont infligées à Satan ! Ile trois fois heureuse, qui, toute petite qu'elle
est, enfanta de si nombreux rejetons pour la patrie du Christ ! C'est elle qui nourrit tous ces illustres moines qu'elle envoie comme évêques dans
toutes les provinces. Quand ils arrivent, ce sont des

1. *Vita S. Cæsarii*, lib. I, cap. i, 6.

enfants; quand ils sortent, ce sont des Pères. Elle
les reçoit à l'état de recrues, elle en fait des rois.
A tous ses heureux habitants elle enseigne à voler
vers les plus sublimes hauteurs, sur les ailes de
l'humilité et de la charité.

« A moi aussi elle a ouvert ses bras, cette tendre
et noble mère, cette nourrice des honnêtes gens;
mais, tandis que tant d'autres lui doivent d'avoir
gagné le ciel, la dureté de mon cœur l'empêche
d'accomplir en moi son œuvre. »

Nous ne savons comment était réglé le détail de
l'emploi du temps, mais la richesse des œuvres littéraires sorties de Lérins égale la variété des productions, fleurs, arbres et fruits, que rapporte gra-
cieusement Encher. On n'a pas de peine à croire que
Césaire eut en mains les livres de ses devanciers sur
l'interprétation de la Sainte Écriture et sur l'ascétisme enflammé des héros du monachisme. Ce qui
frappera aussi dans ses œuvres, c'est qu'il fit une
part au travail des mains et observa attentivement
les manifestations de la nature. Il y avait en lui quelque chose de rustique et de spirituel en même
temps. Le philosophe se plaisait à l'étude des mystères de la vie, le théologien lisait les Pères, l'ascète
surtout s'environnait d'indiscrètes mortifications. Sa
vie se passait en des exagérations de pénitence semblables à celles des premiers anachorètes orientaux.
En lisant les quelques lignes consacrées par Cyprien
à cette période, on croit revoir Paul, Antoine, Ma-
caire, Pacôme sous la physionomie de Césaire. Cet
adolescent courbait son corps si frêle et le brisait de
macérations. Il voulait porter la croix comme le
Maître, sans se soucier des exigences matérielles,
qu'il dominait par l'esprit. Brisant toutes les résis-

tances, employant tous les instruments de supplice
pour réduire son corps en servitude, selon le mot de
l'Apôtre, il l'avait soumis à sa volonté : le régime
alimentaire se simplifiait chez lui jusqu'à se contenter d'un peu d'herbe bouillie, qu'il se préparait le
dimanche pour toute la semaine [1].

Tout ce qu'il perdit en force physique, il le
gagna en vertus morales. Il était beau, ce religieux,
jeune par l'âge et déjà grand par les mérites. Il bu-
vait largement, sans compter, aux sources du plus
ardent ascétisme ; il se délectait des livres de Cassien, des légendes des anciens moines, du mysti-
cisme si prenant de la liturgie antique.

A Lérins, quand Césaire y parut, on cultivait le
chant avec beaucoup de succès. Dans son ouvrage
de *la Prière antique*, dom Cabrol affirme, en effet,
que certaines hymnes datent du $v^o$ siècle et, selon
plusieurs de ses confrères, l'île de Saint-Honorat les
fit répandre dans la Gaule.

On voit dans l'harmonie de ses sermons que Césaire était musicien. Personne mieux que lui ne donna
ses soins au chant divin. Il aimait la mélodie des
voix qui s'élevaient en chœur dans sa basilique lé-
rinienne, et confessait que les cantiques en commun
étaient féconds pour les âmes comme la contemplation, le silence, l'extase solitaire.

Les hymnes de Lérins, exécutées ou créées à Lérins, eurent une grande influence sur Césaire, sur
sa piété, sur ses institutions. On peut dire que par la
suite, à certaines périodes, les chants d'église l'inspirèrent plus que les écrits. Nous le verrons à Arles
lorsqu'il organisa les cérémonies si vivantes pour le

1. *Vita S. Cæsarii*, lib. I, cap. 1, 6.

public et pour les clercs ; nous le remarquerons dans ses homélies; il puisera à pleines mains dans la liturgie et l'hymnologie,, pour codifier, instruire, sanctifier.

Cependant les forces humaines ont une mesure : en voulant trop s'assimiler les exemples de vie abstinente et presque angélique de certains ascètes, Césaire tomba gravement malade. Son estomac délabré ne pouvait désormais supporter aucune alimentation; par ailleurs, la fièvre le consumait. Dans le monastère, pas de médecin, pas de remède approprié à cet état [1]. Et puis, dans les calculs du jeune fiévreux, il fallait peu s'appuyer sur les ressources de l'homme de l'art. Dieu ne suffit-il point en toutes choses? Sa puissance ne dépasse-t-elle pas la science des praticiens les plus experts ? En supposant même une amélioration prochaine, Césaire voudrait-il se soumettre à des ménagements indispensables? Est-ce que la convalescence ne serait pas entravée par des imprudences de ferveur et d'irrésistibles désirs de sacrifice? L'abbé Porcaire, qui connaissait le tempérament du malade, prit une décision radicale. Il ordonna, il imposa tout de suite un changement de résidence. En vue de refaire une santé précieuse pour la communauté, il l'envoya à Arles. Son bon caractère, son humeur facile et surtout son esprit d'obéissance firent accepter ce départ à Césaire sans contrariété. Il s'abandonna à la volonté de Dieu et de son supérieur, puis quitta l'île bienheureuse où son cœur de moine s'était, dans un nid si doux, abrité durant cinq ou six ans.

---

1. « *Nullum ei remedium posse præstari ; ubi etiamsi medicus adesset, fervens ad spiritualia pueri consuetudo nihil sibi pateretur de abstinentiæ frenis et vigiliarum rigore laxari.* » *Vita*, lib. I, cap. I, 7.

# CHAPITRE II

Depuis que saint Honorat et saint Hilaire avaient
illustré le siège de Trophime, la dévotion locale
s'était fortifiée et le clergé ne cessait d'être un
modèle de dévoûment, de distinction, de sympathie, d'hospitalité. Il se trouvait aussi à Arles des
associations charitables qui, sous la direction de
l'évêque, essayaient d'entraîner les fidèles vers le
bien, apportaient leurs aumônes, recevaient les pèlerins de Dieu et de l'Église catholique.

Mais Césaire, en quittant l'île bienheureuse pour
le continent, ne venait pas à Arles dans l'intention
de s'instruire des œuvres sociales ni de courir, avide
de savoir, après les rhéteurs, les grammairiens, les
amis de l'élégance. C'était pour sa guérison qu'il
avait sacrifié ses goûts de retraite. Il arrivait, vers
496, tout malade, ne pouvant montrer, en apparence,
que des insuccès, soit pour sa santé, soit pour sa
fonction de cellerier.

A Arles cependant il y avait beaucoup à apprendre même avec un état d'âme comme celui de
Césaire.

Sitôt qu'il fut remis de sa fatigue, son œil ardent s'ouvrit sur la scène variée de son nouveau milieu. Il existait des liens si étroits entre Arles et Lérins! Le jeune voyageur n'eut pas de peine à les renouer. Les dalles de la voie aurélienne lui avaient enseigné que ses pères dans la foi, fondateurs de son monastère aimé, marchaient presque toujours à pied et souvent sans chaussure dans le diocèse immense où il commençait de résider. D'autre part, à la basilique de Saint-Étienne [1] et aux Alyscamps, il retrouvait, avec les reliques des premiers chrétiens, le souvenir des plus saints pasteurs.

Sur les bords du Rhône, comment n'eût-il point pensé à Constantin? Cet empereur s'y était fait construire un palais, dont on voit encore les ruines grandioses, avec son vaste quadrilatère, ses cours intérieures, ses absides, son immense salle du trône. Dans cette demeure, incomparablement belle, s'étaient réunis en 314 de nombreux évêques, accourus de toutes les contrées, à l'appel de l'empereur, pour juger les Donatistes. Ce concile d'Arles avait eu un retentissement énorme, et l'écho des chars impériaux mis à la disposition des évêques sur toutes les routes romaines en parvenait aux visiteurs.

Césaire erra autour du Forum, tel que l'avait vu souvent et décrit avec intérêt Sidoine Apollinaire,

1. Deux anneaux scellés dans une dalle en face de la porte d'entrée de l'église magnifique de Saint-Trophime indiquent la seule ouverture, très difficile d'accès, par laquelle on peut descendre sous les voûtes d'un des premiers lieux sacrés d'Arles. On aimerait pouvoir aller en liberté visiter le berceau de notre foi, examiner ces murailles, chercher quelques graffites, retrouver les traces du style constantinien et des décorations mérovingiennes. Les explorateurs scientifiques, autant que les pèlerins de la piété souhaitent le grand jour à ces monuments souterrains, trop longtemps cachés à notre légitime curiosité.

quelques années auparavant. Ces colonnes de granit
à chapiteaux corinthiens, ces statues de divinités dominant les piédestaux de marbre, le blanc sanctuaire
de Minerve, tout cela était debout et rayonnait au
clair soleil de Provence.

Remontant la *via principalis*, qui traversait la
ville et touchait, au passage, tous les édifices publics,
Césaire admira le palais du gouverneur et s'arrêta
devant l'amphithéâtre.

Cet établissement, de forme ovale, fait aujour-
d'hui, malgré des blessures séculaires, notre éton-
nement. Près de 25.000 spectateurs pouvaient jouir
de la vue des combats que se livraient hommes et
bêtes sauvages, au milieu des arènes rappelant le
Colisée de Rome. Les légionnaires, fantassins, cavaliers, aimaient passionnément les jeux de gladiateurs
et les mœurs de la population, que le christianisme
n'atteignait pas entièrement, favorisaient en ce lieu
d'ignobles égorgements humains.

Entre les arènes et la basilique chrétienne, tout
voisin se dressait le théâtre, d'un style pur comme
le ciel rhodanien. Septime-Sévère, dit-on, le fit
construire et c'était le prolongement de la bonne époque. De nos jours on en admire encore les arcades, les
gradins, surtout les deux colonnes corinthiennes de
la scène, de beaux fûts africains et quantité d'ornements, tristement épars dans ce coin silencieux.
Au v^e siècle, du temps de Césaire même, des troupes
grecques y vinrent donner des représentations my-
thologiques, avec un programme où figuraient Aphro-
dite et Bacchus. De pareilles attractions laissaient
l'église vide et Césaire s'en plaindra.

Mais le lieu de plaisir qui attirait surtout les foules,
entraînant riches et pauvres, c'était le cirque. A Rome

on en comptait une douzaine, où se donnaient les courses d'hommes, de chevaux et de chars. Toute colonie était dotée d'un cirque, et cependant il n'en subsistait à Arles aucune trace apparente sur le sol. M. Auguste Véran, le savant architecte des monuments historiques, vient enfin de préciser qu'il était établi dans les jardins situés au couchant de la ville et parallèlement au Rhône, au delà de la Roquette. Ses dimensions pourraient présenter une longueur de 310 mètres et une largeur de 70. Les parties découvertes consistent en murs parementés, en moellons smillés, et elles reposent sur des pilotis en bois de chêne, sans frettes ni sabots, foncés très serrés à 0$^m$,30 d'intervalle et que l'on a retrouvés bien conservés. Dans ces terrains gisait l'obélisque dédié au soleil que visitèrent Charles IX et Catherine de Médicis, près de la *spina* du cirque décorée de bornes ou *metæ* représentant des courses de chevaux[1].

Le cirque, du temps de Césaire, était le centre des fêtes publiques. On y continuait les traditions des empereurs païens et chrétiens. Constance, selon Ammien Marcellin, fit représenter à Arles les jeux des *circenses* à l'occasion de l'anniversaire de son règne. Dans sa lettre à **Montius**, Sidoine Apollinaire rapporte que l'empereur Majorien y tint sa Cour, recommandant au poète de se trouver au repas du cirque et d'y charmer les convives par son esprit. Sous la domination ostrogothique, visigothique et franque, les gouverneurs présidaient aux jeux.

Ainsi, dès son entrée dans cette ville, s'ouvrait

---

1. Les deux bornes ou *metæ* du cirque, retrouvées dans les remparts de la ville à des époques différentes, ont été déposées, l'une au musée des antiquités et l'autre au théâtre antique. Cf. A. Véran, *Le Cirque Romain d'Arles*.

pour Césaire une vie de distraction et de plaisir. Certes, sa mentalité ne le tournait pas de ce côté, car nous savons qu'il était tout imprégné d'ascétisme et tout enveloppé de ferveur monacale. Cependant, pour son éducation d'orateur, de futur chef de dio- cèse, de conducteur d'hommes, les mœurs qu'il ren- contrait n'étaient peut-être pas sans profit. Les or- nements des basiliques judiciaires, telles que celle trouvée ces derniers temps dans la cour du Museon Arlaten, les statues des divinités érigées un peu par- tout, au fronton des palais, au coin de chaque rue, au milieu des places publiques, les édicules votifs, les *carceres* pour les chars, les portes triomphales des cortèges, les autels domestiques, les images comme les jeux qu'il voyait, tout cela n'était-il pas un écho significatif des sympathies gauloises? On n'était pas à Arles, en plein christianisme, pour ces moines orientaux qui voulaient détruire toutes ces traditions, toutes ces beautés et tous ces tableaux. Le jeune art chrétien est mêlé à l'antique, surtout à Arles. Les types adoptés dans le bassin du Rhône procèdent des modèles romains; des rapports faciles et fréquents par la voie de mer et du fleuve ont effacé presque toute différence.

Sur la grâce et la diction de Césaire, l'atmosphère d'Arles ne pouvait pas, ne devait pas rester sans in- fluence. Il ressentait, apparemment, un sentiment inconnu dans cette ville tumultueuse, commerciale, militaire, intellectuelle. Le sens d'un Gallo-Romain, c'est dans un milieu appelé « la Rome des Gaules[1] »

1. Auson. *Ordo nobilium urbium VIII :*
   *Pande duplex Arelate, tuos, blanda hospita, portus :*
   *Gallula Roma, Arelas.*
Cf. Auson., ep. 24, 81.

qu'il était certain de reparaître. Arles devait beaucoup à l'Italie jusqu'à la venue de Constantin ; mais, depuis les princes chrétiens et après le déplacement du siège de la préfecture, qui de Trèves fit un bond jusqu'au cœur de la *Provincia* par excellence, la romanisation s'accentua. Le Rhône se couvrit de bateaux de tous les pays, les finances eurent là leur basilique, les consuls installèrent le bureau de leurs annales, l'enseignement juridique fut très en honneur, celui des lettres jeta un vif éclat.

Capitale de la Gaule, siège de la préfecture, résidence des hauts dignitaires, Arles reçut du gouvernement impérial et consulaire un très important appui pour la religion chrétienne. Et, de même qu'on y trouvait toutes les magnificences du monde, un échange étonnant des produits de l'Orient avec les céréales d'Afrique, les taureaux d'Espagne, les armes des manufactures gauloises, ainsi dans l'Église se faisait un mouvement d'idées élargies, de connaissances esthétiques, de communications religieuses.

Césaire n'alla pas jusqu'à dire, en face de ces merveilles d'art, ce que son contemporain, Fulgence de Ruspe, écrivait sur Rome : « Combien la Jérusalem céleste sera belle, si déjà Rome terrestre a tant de grâces ! » Cependant il faut bien avouer qu'Arles avait un tout autre aspect que le couvent isolé de Lérins. Les rues animées, où des marchands sans nombre vendaient les aromes de l'Italie et toutes sortes de fruits exotiques, formaient un contraste frappant avec la virginale pinède, porteuse de bouquets et de brise marine.

Mais il est temps de pénétrer dans l'intérieur où fut reçu Césaire en arrivant à Arles. Parmi les familles les plus honorables de la ville se distinguait

celle de Firminus et de Gregoria, sa proche parente[1].
L'un et l'autre craignaient Dieu et s'occupaient de
bonnes œuvres. Ils gardaient pour Lérins une
affection toute particulière, privilégiée. Rien ne
leur faisait oublier les saints évêques venus de l'île
bienheureuse, et c'est vers elle que s'orientaient
leurs cœurs fervents. Soit qu'ils eussent besoin
de conseils ou de lumière, soit que les moines dési-
rassent une faveur, aussitôt s'établissait la relation
sûre, féconde, toujours joyeusement accueillie. La
maison de Firminus et de Gregoria étant la maison des
pauvres, des moines, des clercs, rien de plus naturel
que de leur demander l'hospitalité. S'inspirant de
l'exemple des chrétiens de la primitive Église, ils ne
consumaient point leurs richesses dans des monda-
nités douteuses, en tout cas inutiles pour le ciel,
mais envoyaient tout leur superflu au paradis, selon
la jolie expression de la *Vita* de Cyprien. Néanmoins, la piété la plus profonde peut s'allier très
bien au goût de la belle littérature : Augustin, Grégoire de Nazianze, Jérôme, Eustochium, Paula, Mélanie, Sidoine Apollinaire et tant d'autres n'ont-ils
pas conquis du même coup un rang élevé dans la
science et la sainteté?

Foyer de charité et de culture générale, la demeure
dont Césaire était le nouvel hôte abritait un cercle
de beaux esprits. Tout ce qui, à Arles, pensait,
écrivait, professait, se donnait rendez-vous chez
Gregoria et Firminus. Entre ces amateurs de littérature se faisait un échange de communications,

---

1. « *Erat igitur tempore illo Firminus illustris et timens Deum
et proxima ipsius materfamilias Gregoria, illustrissima femi-
narum... Cæsarium causa misericordiæ receperunt.* » *Vita*, lib.
I, cap. i, 8.

de lettres, d'idées qui charmait l'assistance. Un savant ne devait-il pas être une triple bibliothèque grecque, romaine, chrétienne? Est-ce que toute noblesse ne se trouvait pas dans les connaissances classiques, selon l'expression de Sidoine?

Ennodius, l'un des plus grands évêques de son temps et l'un des principaux écrivains du vıᵉ siècle, était né à Arles. Parent de Firminus, il lui adressait des lettres qui le traitent de Mécène et concordent avec l'éloge de notre *Vita*. Un autre personnage considérable, fils de consul, préfet de prétoire, Magnus Félix, était aussi de sa parenté. Après avoir renoncé au siècle, il se consacra à Dieu et voulut être enseveli dans sa villa de la Gayole[1], auprès du plus antique tombeau chrétien de la Gaule[2].

Un des familiers du cercle des beaux esprits d'Arles s'appelait Pomérius. Originaire d'Afrique, ce rhéteur fameux avait été jeté sur notre littoral par la persécution vandale. Il apportait la doctrine augustinienne et le culte du beau langage latin. Ennodius voulut attirer Pomérius en Italie. Il lui manda qu'il estimait Cicéron, comme lui-même aimait Homère. Rurice, évêque de Limoges, désira aussi notre docte africain. Ne pouvant l'obtenir, il vint à Arles, supplia Eone de le lui accorder quelque temps, le pressa ensuite par des lettres exquises d'amitié, où il se

1. La Gayole est un domaine situé à 6 kil. de Brignoles (Var). Cf. Albanès : *Deux inscriptions métriques du Vᵉ siècle trouvées à la Gayole.* L'une de ces deux inscriptions est consacrée à Magnus Félix.

2. Sur l'église rurale de la Gayole et son sarcophage d'un intérêt unique pour les origines chrétiennes en Gaule, voir : Ed. Leblant, *Sarcophages chrétiens*; C. Jullian, *Revue des Etudes Anciennes*, an. 1909; Albanès et Chaillan dans opuscules divers.

nomme « le disciple de son âme[1] ». Mais Eone,
évêque d'Arles, Gregoria, Firminus se firent un devoir de retenir leur ami commun, pour l'ornement
de la ville. Nous savons, en effet, que Pomérius
joua un rôle important à Arles dans l'enseignement
des auteurs profanes aux fils de sénateurs et aux
jeunes clercs. Bien plus, il semble prouvé aujour-
d'hui qu'il devint prêtre et abbé d'un monastère.
On lui attribue un *traité de la Vie contemplative*[2],
qui contient des observations en apparence différentes de celles caractérisant le rhéteur. Mais Ennodius
rectifie certaines marques de modestie, alors de bon
ton ; et, nonobstant son style embrouillé, on peut
penser que l'unique Pomérius est « ce nourrisson du
Rhône » adoptant Arles pour sa patrie. C'est le
même qui concilie l'idéal si juste des lettres profanes
servant à la science ecclésiastique.

Sans raisonner sur ce sujet bien délicat, il est certain que le programme des études sacrées ne peut
absolument abjurer la compagnie des anciens. Il
existe tout un trésor acquis d'humanités qui provo-
quera sans cesse une vive admiration pour l'écrivain
quel qu'il soit. Le mépris ou la négligence des classiques marqueront toujours la décadence. Malheureusement ce préjugé contre l'antiquité pénétra dans
l'esprit des hommes d'église du temps de Césaire :
« par scrupule de piété on se méfia des modèles et des
auteurs profanes ».

Césaire et Pomérius se rencontrèrent donc chez
leur ami Firminus. Celui-ci, qui lisait Plante et Cicéron, conçut la pensée d'un plan d'études littérai-

---

1. *Migne.* — Lettres d'Ennodius. — Lettres de Rurice.
2. Ce fut à la demande de l'évêque d'Avignon, Julien, que
Pomerius écrivit son *De Vita contemplativa*.

res pour son hôte. Il s'en ouvrit au maître illustre et
au pieux disciple. L'un et l'autre acceptèrent. Dans
le but d'être plus utile à la religion, Césaire reçut
des leçons de science humaine et commença sa
rhétorique. Le livre que le maître lui avait prêté, il
l'étudiait avec goût pendant le jour et, la nuit, il le
portait dans sa chambre. Une fois il lui arriva de
lire dans son lit et de s'endormir de fatigue [1]. Alors
il crut voir en songe un dragon qui lui mordait le
bras avec fureur. Troublé par cette vision, il s'ima-
gina que Dieu l'avertissait de ne plus avoir de contact avec la sagesse mondaine, s'il ne voulait pas
perdre son âme pour l'éternité. Le charme et l'ornement de l'élocution ont-ils jamais fait défaut, ajoute
le naïf biographe du vı͏ᵉ siècle, à quiconque est enflammé d'amour surnaturel, d'esprit de foi et de
hautes vertus?

Cette rupture prompte et définitive avec l'étude
des modèles antiques amena les protecteurs de Césaire à parler de leur hôte au vénérable Éoné,
évêque de la cité. Peut-être espéraient-ils que le
prélat ferait revenir le pieux moine de sa décision
étrange. Eone le pria donc de passer chez lui, l'interrogea sur ses dispositions, lui demanda le nom de
son pays, de son père et de sa mère. Quelle ne fut
pas sa surprise d'apprendre que le protégé des vertueux patriciens était son compatriote et même un
parent [2]! Son affection pour lui éclata aussitôt devant
tous et il se prit à dire hautement : « Vous êtes mon
fils, mon concitoyen, mon sang; votre parenté est la

1. « ... *Casu vigilia lassatus in lectulo sub scapula sua po-
suit...* » Lib. I, cap. I, 9.
2. « *Meus es, fili, concivis pariter et propinquus.* » Lib. I,
cap. I, 10.

mienne et je me souviens avec bonheur de votre sainte famille [1] ».

Dès ce moment, le jeune homme ne fut plus un pèlerin et un étranger. Eone ne tarda point à écrire à l'abbé de Lérins pour lui demander la permission de l'agréger à son diocèse. Porcaire, nous le savons, fit de grandes objections et n'accorda ce sujet d'élite qu'avec un chagrin poignant. La chronique de Lérins insinue la correspondance engagée à cet égard dans des termes si touchants qu'on ne sait s'il faut admirer davantage l'humilité de la demande d'Eone ou l'acceptation à peine résignée de l'abbé.

Muni de l'autorisation régulière, Césaire fut ordonné diacre sur-le-champ et, peu de temps après, prêtre de l'Église d'Arles.

Une pareille élévation ne changea rien à sa façon de vivre. Sans doute, il revoyait Pomérius pour des questions de spiritualité et les deux sœurs d'Ennodius et leurs fils Lupicinus, Parthénius et la jeunesse arlésienne qui manifestaient des sentiments chrétiens, mais par-dessus tout il pratiquait les mœurs d'un moine. Dans la distribution de secours aux indigents il montrait un soin, une capacité, une obligeance que les contemporains ont appelée céleste [2]. Il avait l'œil sur tout : la décence de la basilique, l'entretien des vases sacrés, l'administration temporelle ; en chaque action, c'était un ange. L'habit grossier du monastère, il voulut le porter toujours ; sa croix de moine, il la mit en évidence. Plus il voyait des occasions de tentation dans le monde, plus il s'enfonçait dans l'hu-

---

1. *Vita S. Cæsarii*, ibidem.
2. « *Vultus ejus nescio quid semper videretur renitere celeste.* » Lib. I. cap. 1, 11.

milité, la prière, l'amour de Dieu. Certes nous n'exagérons pas en parlant ainsi de Césaire, nous croyons plutôt mal exprimer et traduire imparfaitement les traits authentiques laissés dans les livres de ses biographes du vi<sup>e</sup> siècle. Il était, ajoutent ces documents, le premier à venir à Matines et à toutes les réunions ; il demeurait le dernier à s'éloigner. Son visage, son accent, son attitude respirait un je ne sais quoi de profondément sympathique et de divin.

Césaire exerçait depuis peu les fonctions sacerdotales, lorsque son évêque le chargea d'une mission délicate. Un abbé venait de mourir *in insula suburbana civitatis,* il fut désigné pour le remplacer. Où était cette île suburbaine ? Quel est l'endroit correspondant au texte antique ? Ces questions sont difficiles à résoudre. Si l'on place le monastère suburbain à Montmajour, beaucoup ne reconnaîtront pas là une île proprement dite, bien que des marais et des roubines environnassent le monticule rocailleux appelé à une si grande illustration [1]. Serait-ce Saint-Pierre l'Ancien ; quelque surface de terre disparue du milieu du Rhône ; un terrain de ruines à Trinquetaille ? Peut-être la version naturelle est la plus probable ; dans ce cas, le monastère aurait été situé en Camargue, tout près de la cité. L'île — « insula » — semble ainsi, d'après les contextes et les témoi-

---

1. Montmajour est la colline de prédilection du moyen âge, le lieu dans lequel chaque génération a voulu élever une pierre, déposer un témoignage de son respect et de son affection. — Clair, *Arles antique et moderne.* — Dans les *Archives du Var,* t. I, année 977, nous avons trouvé « une donation de l'île de Montmajour-les-Arles faite au monastère de ce nom par Teucinde, en présence de Guillaume, comte de Provence ». Voir aussi *Gallia* d'Albanès, *Instrumenta,* p. 197.

gnages locaux, préciser une résidence qui serait aux portes mêmes d'Arles, à proximité du fleuve.

Quoi qu'il en soit, ce monastère ne brillait point par sa discipline. Il y avait là, sans doute, une réunion d'individus qui, n'étant enchaînés à aucune règle, faisaient chacun sa volonté propre. Le supérieur devait y laisser les moines libres de sortir sans scrupules pour aller faire ailleurs l'expérience des vertus qu'ils croyaient avoir. Ce qui se passait dans le centre de la Gaule et sur les bords de la Loire se pratiquait le long des rives du Rhône. Tel religieux, qui avait vécu dans la familiarité de la vie anachorétique, se transportait aisément, comme clerc, dans les milieux de la plus élégante société. Rien de stable dans la vie des moines, et dès lors la sévérité de certains écrivains à leur égard ne surprend pas l'observateur [1]. Le plus illustre thaumaturge des Gaules, Martin de Tours, qui se faisait accompagner d'une quantité de disciples pour parcourir les campagnes, renverser les monuments druidiques ou romains, s'exercer à la guérison des maladies, apprendre à lire, à prier, tenait grand compte de l'inspiration personnelle. Sa méthode, son influence surtout engendrèrent des imitateurs ; mais combien les copistes furent loin de ce maître incomparable de la thaumaturgie, qui accuse un relief d'allure, une puissance de foi, un don des miracles sans égal même parmi les Pères les plus renommés de l'Orient ! Césaire avait appris à Lérins le danger des habitudes nomades, de cette liberté des moines ambulants qui se confiaient à leurs caprices ou à leurs désirs plutôt qu'à la sagesse chrétienne. Tant de pauvres novices et de profès ont

---

1. Cf. Hauck, *Kirchengeschichte Deutschlands*, t. I.

laissé des traces de leurs chutes dans cet état incertain de volonté ! Ce qui faisait chanceler beaucoup de communautés gauloises de cette époque, c'était l'imprécision des règles, le défaut d'autorité abbatiale, l'instabilité des cœurs.

Lérins et Saint-Victor réagirent dans le sens de la régularité et furent un grand progrès sur les agrégations de saint Martin.

L'exemple de Lérins, en pénétrant l'âme de Césaire, s'étendit à l'abbaye suburbaine d'Arles. Homme de tête et de résolution, l'abbé garda le silence, observa, ensuite rédigea une règle qui est heureusement parvenue jusqu'à nous [1]. Évidemment les idées réformatrices qu'il y émit proviennent des principes ascétiques de Lérins. L'auteur, on n'en saurait douter, a pris pour base les coutumes de son ancien couvent. Il a condensé la pensée de ses maîtres et l'a coulée dans vingt-six articles que précède une brève, lumineuse et pathétique exhortation. La règle de Césaire aux moines a été dictée à Tétradius, prêtre, neveu du saint. Avant de l'adresser, comme évêque [2], à tous les monastères de sa juridiction, il l'a imposée d'abord comme abbé de son île suburbaine. Cela ressort du titre et de l'exorde même du document.

Les premières lignes aussi bien que les dernières parlent de stabilité, de persévérance, comme condition d'entrée pour les moines dans le couvent. Être fidèle à sa conversion, aux engagements pris, d'une part; devenir pour les religieux l'autorité souveraine, la loi vivante, attirer les volontés, les maintenir,

---

1. *S. Cæsarii regula ad monachos.*

2. *Incipit in Christi nomine regula qualis debeat esse in monasterio ubi abbas est, quicumque fuerit.* Ici c'est l'évêque qui prescrit la loi à suivre dans la circonscription de son autorité.

d'autre part: voilà ce à quoi l'on reconnaît une vocation
véritable, un abbé parfait. L'auteur a su mettre dans
son œuvre une concision, un relief qui sont en harmonie avec la rigueur des points prescrits.

Les moines se donneront entièrement et pour
toujours, dit-il. Ils renonceront à leurs biens. Tout
sera commun entre eux. Aucun n'aura de cellule
particulière ou quelque armoire fermant à clef; tous
habiteront dans le même local. Les moines accom-
pliront la tâche qui leur sera imposée et non celle
qui leur plaira davantage.

Pendant la psalmodie, que personne ne parle. A
table, silence absolu. Une lecture sera faite pendant
le repas, afin que l'âme se nourrisse en même temps
que le corps. L'homme ne vit pas seulement de pain,
mais de toute parole de Dieu. Telle qu'une terre
sans eau, est l'âme sans réfection.

Les femmes n'entreront pas dans le monastère.

Au premier signal, chaque religieux quittera tout
pour accourir à l'appel de Dieu; s'il tarde, aussitôt
il recevra un petit coup de férule sur la main; si
l'abbé ou un ancien le réprimande, il ne cherchera
pas à répondre pour se disculper.

Qu'il n'y ait point de dispute entre frères de la
communauté. Celui qui se verra coupable en de-
mandera pardon. Comment et de quel front pourrait-on haïr son frère, alors que l'Evangile ordonne
d'aimer même ses ennemis?

Toute la matinée jusqu'à Tierce, on lira; puis
chacun fera ce qui lui est commandé.

Sans la permission du supérieur, il est défendu
de transmettre ou de recevoir des lettres et toutes
communications.

La nourriture et les vêtements, l'abbé les fournira. Puisqu'il est prescrit de ne rien posséder en propre, il est juste que tous reçoivent le nécessaire des mains de l'abbé.

Les infirmes, les malades seront traités avec soin, afin qu'ils jouissent au plus tôt de la santé.

Que toute œuvre soit faite avec bonne volonté pour accomplir la parole sainte : « Volontiers je vous sacrifierai, ô Seigneur ». Il faut s'exercer à la lutte spirituelle, se surpasser les uns les autres en humilité, charité, patience.

Du mois d'octobre à Pâques, on récitera deux nocturnes et on lira trois leçons. Depuis Pâques jusqu'en septembre, on jeûnera le mercredi et le vendredi seulement. Du mois de septembre à la Noël, le jeûne est de rigueur tous les jours. Au surplus, deux semaines avant le Carême, il faudra jeûner chaque jour, excepté le dimanche. Quiconque jeûne le dimanche, commet un péché, à cause de la résurrection du Seigneur. Ceux qui se portent bien ne mangeront ni viande de boucherie ni volailles ni autres animaux.

Dans cet ensemble de principes, il convient de relever plusieurs traits caractéristiques. D'abord, l'engagement de rester jusqu'à la mort dans le monastère où l'on a fait profession. C'est la condition d'entrée, extrêmement importante et nouvelle. Une plaie horrible des meilleurs monastères, même de Lérins, était la fréquence des départs de religieux à la première punition, aux moindres épreuves de quelque part qu'elles vinssent. Libanius, Rutilius et beaucoup d'autres nous ont laissé des spécimens de leurs critiques contre ces moines errants qui s'en allaient goûter à tous les secrets du bien-être, spé-

culant sur le prestige que leur profession exerçait
parmi les fidèles.

« Hé quoi, s'écriait Fauste, les oiseaux aiment leur nid, les bêtes fauves restent fidèles à leur
gîte, et le moine préférerait aux bienfaits de Dieu
ses caprices, son propre sens, sa volonté dénuée de
sagesse? »

La pauvreté avait été mise en pratique par les cé-
nobites anciens, mais jamais, semble-t-il, avec la
franchise, l'extension et le renoncement innovés
dans la règle de Césaire. Avant lui, on tolérait des
objets conservés en propriété privée, on laissait,
d'ici de là, quoique rétrécis, la liberté, l'usage des
biens; aucun acte d'aliénation formelle n'était
prescrit. Cette vertu de renoncement total, il la
fallait, néanmoins, pour établir l'abstinence vraie et
l'égalité entre des personnes de la même famille.
Les riches n'y scandaliseront plus les pauvres. Ils
auront moins de tentations pour aller vivre en dehors
du monastère. Quant aux pauvres, ils sentiront
alors qu'il n'y a qu'un cœur, qu'une âme, qu'une
religion.

Un acte qui s'imposait, c'était de supprimer tous
les coffrets, scellés au sceau des moines fils de sénateurs ou d'opulents citoyens, ainsi que leurs cellules
bien décorées, leurs armoires à provisions, leurs meubles et leur linge personnel. L'uniformité de vie
réclamait l'unité de traitement. Un seul régime pour
tous, les caractères mis en un contact incessant,
tout privilège de rang, de bien-être, de fortune,
banni; n'est-ce pas ce qui devait faire la beauté
forte d'une communauté vouée à la régénération du
monde?

Des exemples, des commentaires, des gloses sont

nécessaires pour implanter une règle et la rendre
féconde. L'abbé ne manqua pas d'expliquer sa
pensée et celle de ses maîtres en ascétisme qui lui
avaient fourni les parties essentielles de son œuvre.

Il était le type vivant, l'explication intégrale de la
discipline. Non seulement ses actes quotidiens édi-
fiaient la communauté, mais sa parole prodiguait la
lumière à tous les habitants du lieu. Avec une cou-
rageuse fermeté, les abus sont corrigés. On sent dans
tels *sermons aux moines* une chaleur, un mouvement, une vivacité qui pourraient accuser le temps
où Césaire gouvernait l'abbaye d'Arles. Mais aussi
le groupement de ces exhortations nous offre l'occasion de considérer les emprunts copieux faits aux
œuvres de Fauste[1]. On remarquera qu'il s'élève
avec indignation contre le relâchement de ses frères.
Il leur montre l'abime ouvert sous leurs pas et la
damnation qu'ils se préparent. Il les menace de
verges[2] et puis il leur demande en pleurant de
revenir à une vie meilleure. Il ordonne et il supplie,
il veut frapper et il souffre.

« Examinez l'appel de Dieu, s'écrie Césaire :
vivre dans la solitude, c'est la perfection; ne pas y
vivre saintement, c'est la damnation... Pensez que
les vrais jours de mérite sont ceux où, faisant abné-
gation de votre volonté propre, vous n'avez trans-
gressé aucun point de la règle. De même, la vie

---

1. On attribue à saint Césaire une partie seulement du
groupe des *sermones ad monachos* et, parmi ceux-ci, il en est
qui ont été prononcés en cours de visite de monastère, alors
qu'il était évêque, ou adressés peut-être sous forme d'épîtres,
comme il le fit pour les vierges.

2. Cf. *Regula*, art. XI. *Si tardius venerit, statim de ferula in
manus accipiat.*

véritable est celle qui se passe sans malice, sans
envie, sans orgueil, sans mensonge, sans impureté.
Appliquez-vous à faire progresser votre âme dans
la vertu... étant prompts à la prière, généreux dans
la sobriété, doux et fervents dans la charité. Le soir
demandez-vous si vous avez été un sage, adonné à
la lecture, plongé dans l'oraison, édifiant envers
tous, pacifié envers vous-même[1] ».

Au bout de trois ans de charge abbatiale[2], Césaire avait transformé sa communauté. Malgré sa
jeunesse, les anciens l'avaient apprécié à sa valeur,
et ils louaient Dieu de toutes les vertus qu'ils
voyaient en leur père. Avec lui, sous sa ferme impulsion, les moines furent si bien dirigés qu'un demi-
siècle après on désignait encore cet Institut comme
un modèle de monastère.

Le vieil évêque d'Arles apprenant que Césaire
avait répondu à sa confiance avec un succès complet,
résolut de lui conférer la dignité épiscopale. Et ainsi,
partout où il alla, son passage fut rapide. On dirait
que son ange mettait hâte à le faire arriver à la
fonction principale de sa vie. Les événements favo-
risèrent on ne peut mieux cette vocation qui était
destinée à élever si haut dans la Gaule mérovingienne
la place d'un saint évêque.

1. *Patr. lat.*, t. LXVII, c. 1067, 1068.
2. *Vita S. Cæsarii*, lib. I, cap. ii, 12.

# CHAPITRE III

COMMENCEMENT DE L'ÉPISCOPAT DE CÉSAIRE. — SES RAP-
PORTS AVEC LES FIDÈLES, LE CLERGÉ, LES ÉVÊQUES.
— SES CRÉATIONS RELIGIEUSES.

Saint Eone, accablé par l'âge et les infirmités,
assembla un jour le clergé, les principaux citoyens
de la ville, les magistrats, le peuple. Ouvrant son
âme devant eux, il s'accusa avec humilité d'avoir
laissé la discipline ecclésiastique se relâcher sur de
nombreux points et exprima le désir de s'assurer un
successeur capable de toutes les réparations matérielles, de tous les relèvements moraux, de toutes
les vigueurs surnaturelles. Il connaissait sa propre
faiblesse et, afin d'apaiser le souverain juge, il ne
trouvait rien de mieux que de jeter les yeux sur Césaire pour le remplacer. De la sorte Dieu lui tiendrait
compte de ce que ferait son successeur pour combler
les lacunes de ses graves obligations [1].

Les électeurs répondirent qu'ils trouvaient digne
le candidat proposé, et aussitôt Eone fait une démarche auprès d'Alaric pour prévenir de la situation
religieuse ce prince arien, maître d'Arles. On voulait

1. « *Sanctus Eonius clerum vel cives alloquitur.... et securus
de suucessore migravit ad Dominum.* » *Vita*, lib. I, cap. II, 12.

de tous côtés avoir Césaire pour évêque. Aucune
opposition ne surgit, soit de la part du gouvernement,
soit de la part de la curie arlésienne. Eone, rassuré,
tranquille, mourut en paix.

Quand Césaire eut appris quelle haute fonction on
allait lui confier, il éprouva un sentiment d'effroi et
d'humilité dont nous rencontrons plusieurs exemples
dans la primitive Église. Il s'enfuit de son monastère,
évitant la ville, il se cacha dans les tombeaux[1]. On
fit des recherches partout, et quelques amis le trou-
vèrent aux Alyscamps, dans cette fameuse nécropole
où le christianisme antique aimait à se retirer, à
prier, à dormir le dernier sommeil auprès des fondateurs de notre foi, des vierges, des saints et surtout
des martyrs.

Amené à l'église pour y être consacré, Césaire se
montra docile aux évêques qui étaient venus pour
l'ordonner canoniquement et, sitôt promu, il se mit
à l'accomplissement de ses devoirs d'état.

Il se rencontrait à l'époque de sa nomination (503)
deux sortes d'évêques, correspondant aux deux cou-
rants du clergé régulier et séculier. On tirait souvent
du prétoire, du sénat, de l'Université même des candidats à la chaire épiscopale. Ils y faisaient d'excel-
lents évêques, se conformant aux canons pour la
modification de leurs rapports avec leurs familles ou
leurs enfants[2] et relevant leurs diocèses par leur influence, leur talent, leurs relations.

Mais, à côté des membres de la plus haute aristocratie, comme les évêques Rurice de Limoges,

---

1. « *Inter quasdam sepulturas latibulum requisivit.* » *Vita*,
lib. I, cap. II, 13.
2. Concile d'Arles, 452.

Avitus de Vienne, Patiens de Lyon, Sidoine de Clermont, arrivaient à l'épiscopat de simples prêtres
d'origine monastique. Les premiers, pleins d'autorité, d'expérience, d'énergie, de culture, servirent
admirablement l'Église au milieu d'une société en
décomposition. ou en formation, et suppléèrent aux
enseignements plus profonds, plus intimes du cloître.

Césaire n'avait peut-être pas le sens romain du
gouvernement ni les manières somptueuses de certains prélats de son temps, dont la table se faisait
royale pour recevoir les maîtres du monde [1].

Ce qu'il possédait, c'était une haute et sainte conscience de religieux, d'une empreinte si forte qu'elle
ne s'effacera jamais soit dans l'homme privé soit
dans l'homme public.

Ses habits extérieurs étaient ceux des évêques,
avec tunique longue et ceinture de cuir. Des reliques
du saint nous empêchent de nous tromper sur le
costume, car aujourd'hui encore on conserve à la
paroisse de la Major d'Arles un de ses vêtements qui
a toute l'apparence de l'époque mérovingienne [2]. La
boucle d'ivoire de la ceinture, serrant la taille, se
compose d'une plaque fixe; des raisins et des pampres couvrent l'anneau. Sur la surface d'une de ses
extrémités brille le monogramme du Christ avec l'α

---

1. *Saint Césaire*, par l'abbé Malnory, ch. vi.
2. Ed. Leblant, *Les Sarcophages chrétiens de la ville d'Arles*, p. 49. — *Congrès archéologique d'Arles*, 1876. — Césaire,
d'après son testament, fit legs à son successeur d'une partie de
ses vêtements — *indumenta paschalia*, — parmi lesquels est une
tunique. Ce serait celle de la Major qu'on attribue à notre
saint. Elle provient de l'abbaye de Saint-Césaire située sur la
paroisse de la Major et fut apportée à cette église au moment
de la Révolution.

et l'ω. A côté est un temple avec colonnade, qui représente le Saint Sépulcre. Deux gardes endormis, appuyés sur leur lance, l'encadrent. Au bas est une sorte de livre ouvert. Ces deux pièces ont un grand intérêt scientifique et religieux.

Aucun archéologue, aucun pèlerin curieux ne s'arrête dans la vieille cité d'Arles sans les visiter. Il voit, du même coup, le pallium et des lambeaux d'étoffe que la piété des vierges de l'abbaye de Césaire attribuait à leur fondateur.

On savait par les serviteurs du saint que son linge de dessous était misérable. Messien et Étienne racontent, en effet, qu'un Franc, courbé par la fièvre, se présenta à eux et leur dit : « Donnez-moi donc un morceau de drap de l'évêque ». Le diacre Étienne lui ayant apporté un linge qui avait servi au corps du saint : « Garde, garde, je n'en veux pas, reprit l'homme avec fureur ; je sais que le saint, que le Bénit ne se servait que de haillons, il m'en faut un bout pour le tremper et boire l'eau[1] ».

Ce trait d'un barbare nous peint Césaire.

Pour le dehors, pour l'usage, pour le monde, il voulait ressembler aux autres évêques, porter les insignes de sa fonction, s'habiller avec correction ; mais, dans son intérieur et pour ce qui le touchait personnellement, il bannissait avec dédain tout luxe, tout confortable, toute futilité. Nous verrons qu'il restera moine sur son siège, moine par la règle le jour et la nuit, moine à l'exemple d'un saint Martin, d'un saint Maxime et d'un Fauste.

---

1. *Vita*, lib. II, cap. IV, 30 : « *Ego audivi quod ille Benedictus non linteum sed pannos in usum habuerit, quod ego lavare volo et de aqua desidero bibere.* »

La nuit il se levait pour lire les Nocturnes et prenait le souci de réveiller les clercs, ses compagnons d'office[1]. Le matin, il disait les Heures Apostoliques, puis se mettait à la lecture, méditant l'Écriture Sainte et préparant ses prédications. C'est de son cœur, ainsi que d'un trésor, qu'il tirait le meilleur de ses sermons[2].

Un de ses premiers actes épiscopaux fut d'introduire à la basilique de Saint-Étienne la récitation de Tierce, Sexte et None [3]. Sans doute il y avait déjà les réunions liturgiques de Matines et de Vêpres pour les deux crépuscules, mais, se souvenant de Lérins, il voulut que la louange de Dieu fût en quelque sorte incessante dans sa cathédrale. Autour des clercs se groupaient un noyau de fidèles pieux et les pénitents qui se préparaient à la réconciliation.

Les Barbares aimaient les cantiques et le peuple du Midi se passionne aisément pour les airs musicaux. Césaire introduisit à Arles le chant des hymnes et les mélodies de son île bienheureuse qui avaient tant de charme sur les solitaires.

Et ainsi la psalmodie rehaussait le chant à deux chœurs et donnait à tous, clercs et laïcs, un attrait inconnu pour les offices.

Le clergé d'Arles se rapprochait de plus en plus des moines et mettait sa gloire à les copier, répondant à leurs austérités par l'apostolat, à leur silence par la piété, à leur contemplation par le retour des pécheurs vers la pratique sacramentelle.

Parmi les clercs qui se glorifient d'avoir été les

1. *Vita*, lib. II, cap. i, 5.
2. *Ibid.*, lib. I, cap. ii, 14.
3. *Ibid.*, 13.

disciples de Césaire, nous avons déjà fait mention
des auteurs de la vie du saint. Leur œuvre, à laquelle nous puisons largement, est simple, mais
d'un prix inestimable. Elle constitue, dans ces deux
petits livres, un document de la plus haute valeur
pour les faits historiques du vi⁰ siècle et une série
de narrations édifiantes, rares à cette époque.

Et d'abord Cyprien, s'il n'est pas né à Arles,
comme l'insinue l'*Histoire littéraire de la France,* y
vint dès son enfance. Il est certain que Césaire fut
son initiateur dans les études ecclésiastiques et nous
savons, par ailleurs, qu'il l'accompagna au concile
d'Agde en 5o6. Devenu évêque de Toulon, le disciple assista à tous les conciles où brilla le zèle du
maître. Il se fit remarquer à Carpentras et surtout
à Valence, enfin il mérita le titre de docteur de la
grâce.

Firminus était un notable Gaulois, parent de la
famille chrétienne qui donna l'hospitalité à notre
saint. Son père et son grand-père avaient l'un et
l'autre rempli la charge de Préfet des Gaules à
Arles [1]. Jeune, il succéda à son oncle, évêque d'Uzès.
Sentant le besoin d'abriter son inexpérience sous
la sagesse de son métropolitain, il le prit comme
directeur, comme modèle, comme confident. Sa vie
sur la terre ressemblait à celle des saints qui sont
dans le ciel [2].

Le troisième auteur de la *Vita* est Vivence [3]. Celui-

---

1. Bernard, *Saint Trophime d'Arles.*
2. « *Vitam agebat cœli civibus persimilem.* » Martyr. Gall.,
11 oct.
3. A Vivence, Messien adresse une intéressante lettre rapportant une vision de Césaire et la dédicace de l'église saint « Ermet,
martyr ». Cette lettre n'a pas trouvé place parmi les lettres méro-

ci était aussi évêque, mais on ne sait dans quelle ville. Il a joint son nom aux deux précédents pour la rédaction du *liber* I.

Ces collaborateurs ont écrit sous l'impression toute fraîche laissée par le héros. On sent que les peintres, comme ils l'avouent, ont été en communication intime avec celui dont ils retracent la vie. Un sens historique très sûr et très ferme guide la main qui écrit. L'émotion, la sincérité, pas de littérature, pas de fausse rhétorique, voilà ce qui caractérise l'œuvre de ces trois biographes, honorés comme des saints.

Dans le *liber* II, Messien et le diacre Étienne exposent les faits miraculeux touchant Césaire, nous font connaître des détails géographiques du diocèse et certains rapports très intéressants avec le pouvoir civil. Messien était prêtre et premier notaire de notre saint[1]. Il remplit quantité de missions honorables de la part de son maître, alla même à Rome trouver le Pape Symmaque, et défendit en maintes circonstances les droits de l'Église d'Arles. C'est le diacre Étienne, ancien notaire lui-même, qui vécut dans la plus longue intimité avec Césaire. Il montra pour lui une admiration sans bornes [2].

Un autre saint qui fit partie du clergé d'Arles, pendant quelque temps, fut Theudère de Vienne. Il appartenait à une noble famille. Après une jeunesse passée dans la plus angélique piété, devenu posses-

---

vingiennes. M. le chanoine Ulysse Chevalier, membre de l'Institut, l'a reproduite dans le *Gallia Christiana novissima*. Arles.

1. M. Auguste Véran a trouvé à Arles une inscription chrétienne qu'Ed. Leblant attribue à un notaire de saint Césaire ou de l'abbaye de Saint-Césaire : *Nouveau Recueil d'inscript. chr. de la Gaule*, p. 196.

2. Lib. II, cap. i, 1.

seur d'une fortune considérable, il vendit ses biens, en distribua le prix aux pauvres et résolut de s'enfermer dans un monastère. Passant à Arles, il consulta Césaire, qui le retint et l'attacha à son église. Clerc des plus accomplis de la basilique de Saint-Étienne, il sentit un jour l'inspiration de revoir sa province natale et, disant adieu à son maître, il transplanta dans son pays les institutions qu'il avait vues et la discipline dont il s'était nourri.

Outre ses prêtres, ses diacres et ses clercs de différents ordres, la basilique de Saint-Étienne avait des enfants. Élevés sous les yeux de l'évêque, ils prenaient part au chant et remplissaient dans les cérémonies certaines fonctions réservées aujourd'hui encore aux enfants de chœur. Ennodius envoya un jour à Césaire un petit garçon qu'il lui recommandait en termes très affectueux, l'appelant son fils, parce qu'il lui avait donné le baptême. Il se nommait Florien et était venu fort jeune pour apprendre à Arles les éléments mêmes des lettres latines. L'élève se montra digne des deux grands évêques, ses maîtres. Florien devint abbé du *romanum monasterium*. Il professa un vrai culte pour Césaire durant sa vie et fit un éloge posthume où il l'appelle : pieux parmi les barbares, pacifique au milieu des guerriers, providence des pauvres, père des orphelins.

L'estime de Césaire pour la lecture se manifeste en lui-même, dans son zèle de propagande et dans ses prescriptions. Imitant les Docteurs de l'Église, il abandonna l'administration temporelle de son diocèse à ses diacres ou officiers ecclésiastiques et vaqua particulièrement à la méditation de l'enseignement divin. Non seulement il lisait sans cesse l'Évangile et les saints Pères, mais il voulut que ses

3.

clercs cherchassent dans les bons livres l'instruction qui apaise, qui change, qui élève et qui sauve.
Apprendre à lire, étudier les-saintes lettres, voilà
une recommandation de tous les instants. Il la
faisait aux enfants de l'école épiscopale dans la cité
et des écoles presbytérales dans les paroisses. Lui-
même prenait plaisir à visiter les classes, et Florien
nous révèle qu'il ne dédaignait pas d'épeler les
premiers mots de l'alphabet avec les derniers venus[1].

Nul n'était admis aux ordres s'il n'avait prouvé
avoir lu l'Écriture Sainte en entier au moins quatre
fois. Nul ne s'asseyait à sa table sans écouter une
pieuse lecture faite à haute voix pendant les repas;
ensuite les commensaux étaient interrogés sur ce
qu'ils avaient entendu. Très souvent l'évêque enre-
gistrait des étourderies, et le nombre de ceux qui
accusaient l'infidélité de leur mémoire était considérable[2].

Sans doute la méthode favorite de Césaire était loin
du large enseignement des Universités, et ses écoles
ne brillaient point par l'éclatante activité d'une culture générale, mais il n'en conserva pas moins le goût
de l'étude chez son clergé, la jeunesse et même le
peuple. Une de ses Admonitions[3] renferme des passages extrêmement curieux qui nous permettent de
juger des préoccupations de l'évêque. C'est ainsi
que les illettrés doivent premièrement venir au sermon et ensuite se procurer le secours d'un maître.
« Les négociants, s'écrie l'orateur, quand ils sont

---

1. « *Ipse mihi latinis clementis imposuit alphabetum.* » Cf.
*Epist. merov.*, *M. G. H.*
   2. Lib. I, cap. v, 48.
   3. Appendix, 3o3. *Admonitio populi ut lectiones divinas au-
dire studeant.*

illettrés, payent des mercenaires pour tenir leurs
comptes et connaître exactement leurs affaires; hé
bien, le chrétien n'en fera-t-il pas autant pour con-
quérir la récompense éternelle? Procurez-vous donc
à prix d'argent le secours d'un homme de lettres...
Le prétexte du manque de temps n'est pas valable,
encore moins celui de l'incapacité intellectuelle. Ne
voit-on pas tous les jours les plus pauvres gens, les
campagnards, hommes et femmes, chanter des chansons d'amour ou libertines, en retenir les strophes,
en détailler les passages avec un relief d'une mali-
gnité diabolique? Que n'apprend-on le symbole,
que ne lit-on les psaumes, que n'étudie-t-on les
antiennes ? »

Pour les offices religieux notre saint composa des
recueils contenant des morceaux choisis et rédigés
dans les deux langues parlées à Arles. Les Gallo-
Romains s'exprimaient en latin, mais la population
marine, amenée par un courant d'immigration,
issue de Marseille et de la Méditerranée, parlait
grec [1]. Dans ce choix d'antiennes, d'hymnes, de
cantiques, de proses, les fidèles trouvaient en leur
langue une série des psaumes les plus importants
pour la foi et le salut. Quelques-uns des sermons [2]
de Césaire nous renseignent sur les psaumes pénitentiels et complètent, en ce point, les données déjà
si intéressantes de la *Vita*. Au commencement,
l'évêque ne fut pas pleinement satisfait du style et

---

1. « *Adjecit atque compulit ut laïcorum popularitas psalmos
et hymnos pararet altaque et modulata voce instar clericorum,
alii Græce, alii Latine prosas antiphonasque cantarent.* » Lib. I,
cap. II, 15.

2. Appendix, 284, 285, etc. *De consuetudine psallendi, de
ritu psallendi,* etc.

des voix des chanteurs, mais bientôt il signale
les progrès de l'harmonie et loue la suavité du
chant. Longtemps l'Église était restée silencieuse
au fond des catacombes et les louanges ne s'élevaient
que dans le sanctuaire des cœurs. Mais depuis Constantin les lèvres pouvaient cesser de murmurer secrètement la prière et crier bien haut, bien fort
l'amour du Christ.

« Conformez votre conduite aux paroles que vous
chantez, disait Césaire. Que vos âmes soient pures
comme le texte du *Beati immaculati in via.* Si vous
chantez le verset *Confundantur sueprbi*, il faut détes-
ter l'orgueil et l'éviter. Et ainsi, pendant que vos
oreilles jouiront du charme de la mélodie, vous goû-
terez le sens des paroles du Psalmiste : *Quam dulcia
faucibus mei eloquia tua !* »

C'est dans un autre but que Césaire introduisit le
chant des fidèles à l'église. Le respect du lieu saint
était si peu observé à cette époque de barbarie que
les évêques se plaignaient de toutes parts des conversations oiseuses de leurs diocésains. A Arles,
aussi bien qu'à Milan, on se livrait à des causeries
sans fin même pendant les cérémonies[1]. En faisant
chanter tout le monde, on obtint plus de silence,
plus de prière et plus de piété. Il n'était pas rare
d'entendre dans les rues et la campagne d'Arles ce
que Jérôme écoutait silencieux dans les vallons de
Bethléem, l'Alleluia de Pâques ou les paroles du
Prophète-Roi.

Les réunions à la basilique-cathédrale ne devaient
pas manquer d'une certaine splendeur, encore

---

1. « *Ut non haberent spatium in ecclesia fabulis occupari.* »
Lib. I, cap. II, 15. — Cf. S. Ambros. *in Psalmos.*

moins d'un vif attrait de sympathie. Au fond, le siège
de l'évêque ; tout autour de l'abside, le presbyterium pour les clercs. L'autel était placé au milieu du
sanctuaire avec sa taille en cuvette et ses colombes
et ses vases et ses pampres et ses fruits de vigne et
le monogramme du Christ surmonté du Rho grec.
« Pendant que le clergé prie, tourné vers l'autel, dit
Césaire, dans une de ses prédications, je fais mon devoir et je regarde ; quoique le diacre invite à fléchir
le genou, j'en vois qui restent droits comme des
colonnes[1]. »

En parlant de prédications, nous abordons un
sujet capital dans la vie de Césaire. Aucun des devoirs de sa charge n'a absorbé davantage son attention. Il a excité vigoureusement ses collègues à
prêcher, mais lui-même ne laissait jamais achever
la messe solennelle du dimanche et des fêtes sans
adresser la parole à son auditoire. Il faisait aussi des
allocutions à Matines et à Vêpres toutes les fois
qu'il avait un suffisant concours de fidèles.

Ses discours, il faut le reconnaître, étaient brefs.
Les auditeurs d'Augustin et d'Ambroise avaient sans
doute plus de patience, si nous en jugeons par comparaison. A Arles, il fallait ménager la pétulance
d'esprit des Provençaux et Césaire n'y manquait pas.
Malgré cela, un petit quart d'heure semblait beaucoup demander aux fidèles. Comme un groupe
d'entre eux s'échappait de l'église au moment de
l'instruction, Césaire descendit de l'ambon et se
précipita sur leurs pas pour les ramener. La sévérité
de la répression fit cesser l'abus[2].

---

1. Appendix, 286 : « ... *Velut columnas rectas stare...* »
2. Lib. I, cap. II, 19.

Quelques-uns, s'attardant dans les cloîtres de la basilique, arrivaient à la fin des cérémonies. Le saint leur en fait des reproches. « Ouvriers, artisans, leur dit-il, se lèvent à l'aube pour se procurer ce qui est nécessaire à la vie; navigateurs, commerçants courent de l'Occident à l'Orient et s'exposent à tous les périls par amour des biens périssables; et nous, qui avons à acquérir un trésor éternel, ne viendrons-nous pas plus matin à l'église afin d'y faire nos provisions d'âme, sans nous occuper des vaines curiosités du monde? Avant tout nous devons prier Dieu et satisfaire à notre conscience qui impose ce devoir. Donc, à moins d'être infirme ou malade, si on vient tard à l'église, ce n'est que par défaut de zèle pour le salut[1]. »

Si l'on arrivait trop tard à l'église, on en sortait aussi trop tôt et avant que la messe fût achevée. Quelle douleur et quel fonds d'amertume en ressent l'évêque !

« Il voudrait qu'on comprenne bien le mystère du divin Sacrifice et supplie les chrétiens de rougir de leurs péchés lorsqu'en abandonnant les saints autels, ils méprisent le don de l'Eucharistie. C'est un festin céleste, une source de bénédiction éternelle, qu'il ne faut jamais délaisser[2]. »

D'autres Arlésiens, plus négligents, se dispensaient sans scrupule de toute assistance aux offices.

« Il y a des vides aujourd'hui et du côté des hommes et du côté des femmes, s'écriait un jour Césaire. Plusieurs sont certainement empêchés par des choses urgentes ou des infirmités, mais combien d'au-

---

1. Appendix, 283.
2. *Ibid.*, 282.

tres sont absorbés par leurs affaires, se querellent
sur les places publiques, s'adonnent à la luxure, se
proposent la cupidité! Rapportez à ceux qui sont
absents ce que je viens de vous prêcher, vous aurez
droit à une double récompense, d'abord pour votre
amendement et ensuite pour celui de vos frères[1]. »

Ceux même qui assistaient régulièrement aux offices n'étaient pas toujours exempts de reproche. Si
les hommes ne fléchissaient pas le genou et priaient
droits, comme des pharisiens, sans seulement incliner la tête, il se trouvait des femmes prenant des
attitudes irrespectueuses. Césaire avait invité les
personnes fatiguées à s'asseoir durant les longues
lectures : partant de ce principe et l'exagérant sans
mesure, quantité de jeunes filles bien portantes se
couchaient sur le pavé du temple, comme dans leur
lit, aussitôt que commençait la prédication ou l'exposé
de l'Écriture Sainte. C'était vraiment intolérable,
d'autant plus qu'on n'était pas silencieux et qu'on ne
dormait pas du tout dans cette position. Les langues
travaillaient si bien qu'on n'entendait pas un mot du
prédicateur[2]. « Écoutez-moi, vénérables filles,
ajoute le saint, ne vous étendez plus à terre et, si
vous êtes indisposées, asseyez-vous d'une manière
décente. Je voudrais bien savoir si vous resteriez en
cette attitude au cas où on vous distribuerait des pen-
dants d'oreille et des bagues d'or durant le sermon.
Ah! sans aucun doute, vous vous lèveriez avec empressement pour saisir ces précieux cadeaux. Hé
bien, la parole de Dieu est une perle qu'il ne faut
jamais négliger de recevoir. »

1. Appendix, 281.
2. *Ibid.*, 300 : « ... *Ubi verbum Dei cœperit recitari, quasi in
lectulis suis ita jacere volunt,* etc... »

Tout préoccupé du salut des âmes, le pasteur adressait les reproches qu'on méritait, mais sa bonté, sa tendresse y mettait un adoucissement capable de tout faire accepter. Visiblement ses paroles traduisaient le sentiment d'un père donnant des avis pour s'assurer à lui-même et assurer à ses enfants l'éternelle félicité.

Nous reviendrons plus loin sur ce sujet de la prédication. Césaire le regardait comme le premier de ses devoirs, d'autant plus qu'à cette époque le ministère de la parole en public était encore exercé exclusivement par les évêques. En attendant qu'il pût changer l'usage du haut enseignement religieux et le déléguer aux prêtres, il agit fortement auprès de ses collègues afin de les exciter à remplir scrupuleusement cette fonction[1].

Même avec ses égaux il prenait un ton de commandement qui n'admettait pas de réplique. En voici un exemple entre beaucoup d'autres[2].

Quatre évêques descendirent un soir avec lui dans la basilique de Saint-Étienne. Vêpres chantées et bénédiction donnée, on sortait. Sur son siège de la sacristie, Césaire recevait, selon l'usage antique, les salutations et les recommandations des fidèles. Une femme se présenta, souffrant horriblement des mains qui se nouaient, et elle dit, en sanglotant : « Seigneur Césaire, ayez pitié de moi, guérissez ma main ».

Aussitôt il se prosterne et les évêques l'imitent. « Faites le signe de la croix sur le mal », dit Césaire à

---

1. Lib. I, cap. II, 41. — Cf. chap. VIII.
2. Lib. II, cap. II, 13 : « Cumque expleto lucernario mulier quædam in salutatorio occurit..., etc. »

un des saints évêques présents. Celui-ci dut obéir,
sans produire aucun effet heureux. Et, comme la
malheureuse infirme sanglotait plus fortement encore, Césaire tombe de nouveau à genoux, signe la
malade et la relève guérie.

Cette confiance du peuple pour les saints les fait
regarder avant tout comme des guérisseurs. On
n'attend rien que de la bonté de Dieu. On ne craint
rien que sa colère. Quand un de ces hommes mar-
qués par Dieu observe strictement sa loi, vit dans
l'abstinence et l'austérité, la croyance populaire veut
voir éclater sans cesse la protection du Très-Haut. Témoin encore le fait raconté par Cyprien[1] : « Eucher,
évêque d'Avignon, faisait route un jour avec Césaire dans le pays des Alpines. Il arriva qu'au milieu de la route une femme se traînait, paralysée
des pieds et des mains. Les deux augustes voyageurs
s'arrêtent. Ému de compassion, Césaire fait descendre de voiture son compagnon et lui ordonne de
bénir l'infirme et de la relever. Eucher hésite et
refuse par humilité. Comment, réplique tout im-
patient notre saint, c'est ainsi que tu m'obéis dans
un acte de miséricorde, toi qui te vantes de te jeter
au feu pour mon plaisir? Allons, fais ce que je
veux, donne la main à cette femme et, au nom du
Seigneur, relève-la. Eucher, quoique peu sûr de
son propre pouvoir, fait la volonté de l'évêque et
rend la santé à la malade qui court, heureuse, vers
sa pauvre maisonnette. »

Si les saints savaient accorder des grâces, ils

---

1. Lib. I, cap. IV, 35 : « *Quodam tempore dum iter ageret
circa Alpina loca, vir venerabilis sanctus Eucherius episcopus
cum eo erat...* »

savaient aussi punir ; protecteurs de l'innocence, ils poursuivaient et châtiaient les coupables. N'a-t-on pas vu, dans la Gaule mérovingienne, aux villes de Bourges, de Tours, de Reims, des hommes lancés en l'air, reçus à coup de flèches et tombant sur le pavé à demi morts ? Ceux qui exerçaient ce droit de répression le faisaient au nom des saints, ou après serment sur leurs reliques. Césaire était loin d'être sans pitié envers les pécheurs, mais son indulgence n'est pas allée toujours à supprimer les coups. Il en permettait jusqu'à trente-neuf[1], selon la discipline, contre ceux qui commettaient des fautes graves. Les biographes louent Césaire de sa modération à cet égard.

Ce qui mérite mieux l'éloge, c'est sa charité ardente envers les pauvres. L'évêque procurait la nourriture et le vêtement aux malheureux qui ne pouvaient travailler et se suffire à eux-mêmes. Un registre appelé *Matricula* contenait leurs noms. Tous étaient secourus, nous disent ses diacres, quelquefois même aux dépens des commensaux habituels.

Les malades eurent la meilleure part de son cœur. Son côté vulnérable, sa faiblesse, il faut les chercher là. Il leur fit bâtir, à côté de sa maison et de la cathédrale, un très spacieux hôpital garni de lits fort propres. De son temps, on le regardait comme une merveille. C'était sûrement une nouveauté en Gaule. Aucun meuble utile n'y manquait. Médecins, remèdes, serviteurs, tout était dispensé avec un ordre admirable. Sous le rapport des soins, rien ne laissait à désirer. Quant aux consolations religieuses, on peut dire qu'elles étaient prodiguées.

1. Lib. I, cap. ii, 18.

Le voisinage de l'église amenait à tous moments des prêtres, et des ouvertures ingénieusement pratiquées dans les murs permettaient de suivre les offices, tout en étant couché[1]. Césaire avait une sollicitude si tendre pour les malades qu'il disait aux gardiens de son hôpital : « Allez, voyez, demandez si quelques pauvres, trop timides, n'osent venir. Faites-les entrer et remplissez la demeure. Ce sont les membres du Christ ».

Le soin des prisonniers revenait à l'Église et l'archidiacre les visitait chaque dimanche. Césaire leur faisait distribuer des vivres avec tant de générosité qu'il ne restait rien pour ses familiers. Plus un grain de froment dans les greniers! Il y avait de quoi murmurer pour les clercs et les serviteurs épiscopaux. Mais Dieu, qui avait envoyé une pauvre veuve à Élie, écouta les prières du saint et lui fit parvenir dès le lendemain trois navires de provisions[2].

L'Église d'Arles était donc une maison ouverte à tous, captifs, pauvres, orphelins, veuves, vierges, malades, voyageurs, et le rôle de l'évêque était assurément celui d'un père qui se donne à ses enfants.

Mais, pour les atteindre tous, Césaire sentait bien qu'il fallait se déplacer, aller à eux, les voir, inspecter les paroisses, se mettre en contact avec les prêtres ruraux. Et il partait au moins une fois l'an pour la visite de son immense diocèse[3].

Dans le dépiècement du territoire enlevé à Mar-

---

1. Lib. I, cap. II, 15 : « *Infirmis vero imprimis consuluit, subvenitque eis et spatiosissiman deputavit domum, etc.* »

2. Lib. II, cap. I, 8.

3. Appendix, 69 : « *Si temporis necessitas permitteret, fratres, non semel in anno sed etiam secundo vel tertio vos visitare volebamus...* »

seille par César, Arles reçut la plus grosse part : la Camargue, les bords de la Durance, la vallée de la Touloubre ; depuis le Rhône jusqu'aux monts des Maures. Comme nous le savons par les inscriptions [1], la juridiction d'Arles rencontrait celle de Fréjus vers Matavonium, aujourd'hui Cabasse, dans le Var ; englobait la région d'Aubagne ainsi que Ceyreste, l'antique Citharista ; enfin enserrait Aix et Marseille. Quelle disproportion entre ces territoires !

Or elle passa dans les créations diocésaines, et la lettre du pape Zosime aussi bien que la *Notitia Galliarum* nous apprennent que le diocèse d'Arles conservait encore son vaste domaine au ve siècle. Le Pape confirma, l'an 417, à l'Église d'Arles les deux paroisses de Garguier et de Ceyreste, disputées par l'évêque de Marseille [2]. Ce fut précisément à Ceyreste [3], en cours de visite pastorale, qu'ent lieu la guérison extraordinaire d'une jeune fille si étrangement possédée du démon que le saint en disait secrètement : « Voilà un cas tout à fait nouveau et inconnu ». Devant le saint autel Césaire fit venir la jeune fille, lui posa les mains sur la tête, bénit de l'huile, l'oignit aux oreilles et aux yeux, puis la renvoya à sa maison entièrement guérie. « Pendant les deux jours que l'évêque et sa suite

---

1. *Revue épigraphique du Midi de la France*, octobre 1892. Cf. Duchesne, *Fastes épiscopaux de l'ancienne Gaule*, t. I. C. Jullian, *Inscriptions de la Vallée de l'Huveaune.*

2. « *Dedit enim exemplum Arelatensis Ecclesia, quæ sibi Citharistam et Gargariam parochias in territorio suo sitas incorporari iure desiderat...* » Voyez Sirmond, *Concil. gall.*, I, p. 42.

3. Localité sise entre Toulon et Marseille, au golfe de La Ciotat. — « *Numquam isto genere diabolum insidiatum alicui vel legi vel vidi vel audivi.* » Lib. II, cap. II, 17.

restèrent à Ceyreste, la jeune fille retourna à l'église et jamais plus le démon ne la tourmenta. »

Le Luc était un *castellum* près de Cabasse, sur la route qui mène à Fréjus. Non loin de là se rencontrèrent Antoine et Lépide dans cette fameuse trahison qui fut si fatale à la République. Ce pays donc, chose singulière, semble appartenir au diocèse d'Arles, quoique si près de Fréjus[1]. La matrone Euchérie amène sa servante tourmentée « de Diane » et le saint la rend à la santé par ses prières, la bénédiction de l'huile et les onctions.

Nous pourrions suivre l'évêque dans son itinéraire à travers les voies romaines encore subsistantes ou sur les bateaux de la Durance et du Rhône. Ici c'est Beaucaire, Tarascon ; là c'est Saint-Gabriel, Saint-Rémy avec leurs noms antiques. Partout nous noterions son activité, son coup d'œil d'organisateur, ses prédications pieuses, ses miracles sans nombre, sa bonté particulière pour les pauvres gens de la campagne. Il leur faisait des allocutions d'une familiarité attachante et d'une douceur qui nous attendrit encore.

« Il y a deux cités : le monde et le ciel, mes très chers frères. Je viens vous voir dans la cité du labeur et des misères, mais nous nous retrouverons un jour dans l'autre cité, qui est la Jérusalem céleste. Ici, nous sommes souvent séparés de corps, alors que mon amour voudrait me faire demeurer sans cesse avec vous. Oh ! qu'il ferait bon me rassasier plus souvent de votre présence et jouir de vous au moins plusieurs fois dans l'année[2] ! »

1. « *Dum diœceses visitaret et ad castellum quod Luco dicitur, venimus.* » Lib. II, cap. II, 15.
2. Appendix, 69.

Les paroles et les actions que nous venons de rapporter font connaître le programme de Césaire et mettent en relief sa physionomie. Il avait les idées rigoureuses d'un vrai moine et un cœur de père toujours bon. Condescendant et pitoyable à ses ouailles, il était prêt à se dépouiller, à souffrir en faveur d'autrui. Le Christ est ainsi : sa main droite menace quelquefois le genre humain, mais de sa gauche il accueille, protège et secourt ceux que son indulgence épargne.

# CHAPITRE IV

Le privilège de suprématie dont les métropoles des provinces impériales jouissaient au civil sur les simples cités s'étendit au domaine ecclésiastique. En Orient, cet usage fut régularisé par un canon du concile de Nicée, mais en Gaule ce fut seulement au début du v$^e$ siècle que naquit une pareille prétention. Arles et Vienne se disputèrent ce titre, en invoquant, l'une, l'antiquité de son siège épiscopal et les faveurs de la maison constantinienne ; l'autre, la présence du vicaire des sept provinces méridionales. L'affaire fut portée devant le synode de Turin, le 22 septembre 401. On décida, pour le bien de la paix, un partage à l'amiable, et l'on conserva à chacun des deux évêchés les villes qui en étaient le plus rapprochées.

Cette situation ne fut pas du goût de Patrocle. Cet étrange évêque d'Arles appartenait à la catégorie des prélats cupides dont l'ambition égalait la vulgarité ou l'indignité. Il obtint du Pape Zosime le décret

surprenant que tout clerc, tout évêque gaulois allant à Rome ou ailleurs devait prendre à la chancellerie arlésienne le passe-port de *lettres formées*
ou testimoniales afin d'être reçu à la communion.
Puis, sur la Viennoise et les deux Narbonnaises,
l'évêque d'Arles aurait la principale autorité dans les
ordinations, à l'exclusion des métropolitains respectifs. Allant plus loin encore, le Pape revendiquait
pour son protégé la juridiction supérieure sur toutes
les paroisses dans tous les pays de la Gaule (22 mars
417) [1]. Enfin, montrant sa volonté de faire de Patrocle le vicaire du Saint-Siège, Zosime écrivit aux
évêques d'Afrique, de Gaule, d'Espagne, au sujet de
Tuentius et Ursus, ordonnés illicitement par Pro-
cule de Marseille sur des territoires dépendant de la
métropole d'Arles [2].

Une nouvelle lettre papale du 26 septembre 417
signifia à l'évêque de Narbonne, Hilaire, de s'abstenir
de sacrer les évêques dans la première Narbonnaise,
ce droit étant réservé à Patrocle. « Arles, dit-il, a
reçu la foi de Trophime envoyé par le siège apostolique, et depuis lors une vénération toute sainte
couvre cette ville et la met justement plus haut que
toutes les autres. Si vous veniez à tenter des ordinations de prêtres ou d'évêques, ce serait vous priver
de la communion catholique ».

Le même jour, le même Pape confirma les privilèges qui nous étonnent et dont nous relisons le texte

---

1. Lettre du Pape Zosime : « *Quascumque parochias in qui-
buslibet parochiis etiam extra provincias suas...* » — Jaffé,
328.

2. *Gallia christiana novissima*, par M. le chanoine Ulysse
Chevalier. — Evêché de Marseille, nᵒ 12. — Cette pièce a un
grand intérêt pour Marseille et les paroisses des *vici* de Garguier
et de Ceyreste.

solennel plus favorable encore, s'il se peut, pour Arles et plus cordial envers Patrocle[1].

En moins de deux ans de présence au Souverain-Pontificat, Zosime avait donc beaucoup fait pour son ami d'Arles, le favori du patrice Constance[2]. Son successeur, Boniface, diminua cette puissance et, quand Patrocle mourut assassiné par le tribun Barnabé, en 426, la situation changea de face.

Le doux Honorat passa si peu de temps à Arles (426-429) qu'il dut s'occuper bien plus de réparer les ruines morales accumulées sous son prédécesseur que d'exercer ses droits primatiaux[3]. Mais saint Hilaire, qui resta vingt ans évêque (429-449), n'hésita pas à prendre en main l'autorité que Patrocle s'était fait attribuer. Ardent, austère, inflexible, ce moine de Lérins voulut soumettre à sa puissance toutes les ordinations de la Gaule. Le Pape Léon « faisant le récit de ses usurpations, blâme durement le métropolitain de ses paroles arrogantes envers le Saint-Siège et de son défaut de révérence. Il se fait suivre, ajoute-t-il, de la force armée pour imposer le respect des canons et n'avertit même pas ceux qui sont les chefs de la ville où il entre en maître[4] ».

Quand Célidoine, évêque de Besançon, et d'autres victimes en eurent appelé au Souverain Pontife contre les abus d'Hilaire, celui-ci ne reconnut à personne le droit de réformer sa sentence. Léon, blessé

---

1. *Gallia christiana novissima.* Arles. *Instr.* 39, 40, 41, 42.
2. *Les fastes épiscopaux*, t. I, p. 106.
3. « *Ecclesia Arelatensis crevit gratiis, cum Honorato, decrevit metallis... domo sua tanquam domo Dominica mammona iniquitatis exclusit.* »
4. Lettre de Léon aux évêques, en 445. *Gallia christ. nov.* Arles. *Instr.* 56.

de ces rudes empiétements, lui ôta le titre de vicaire du Saint-Siège, et le priva de toute juridiction sur la province de Viennoise. A leur tour les empereurs Théodose II et Valentinien III blâment la témérité et l'usurpation de l'évêque d'Arles [1].

Avec Ravennius (449-455) font retour au siège d'Arles quelques-unes des précédentes prérogatives. Fait curieux, ce sont les suffragants de la province qui les obtiennent par une lettre collective adressée à Rome. Dans cette supplique, dix-neuf évêques demandent les faveurs anciennes pour l'église « qui est la première des Gaules, comme Saint-Pierre est la première du monde [2] ».

Un décret du 5 mai 450 attribue à Vienne les évêchés de Genève, Tarentaise, Valence, Grenoble ; et à Arles, les autres, c'est-à-dire la deuxième Narbonnaise et les Alpes-Maritimes. L'attachement pour Arles s'explique très facilement. C'était le centre administratif et en même temps un lieu d'accès facile, avec des voies par eau et par terre, sans compter ses souvenirs d'antiquité des plus vénérables. « Un instant, dit Mgr Duchesne, le Pape Hilaire eut le dessein de reconstituer le siège primatial des Gaules. mais ce projet, contrarié par les circonstances, fut bientôt abandonné [3] ».

A Vienne, saint Avitus ne se contenta pas de l'arrangement de 450. Il voulut reculer les bornes de sa métropole, descendre jusqu'à la Durance, et il y réussit sous Anastase (497). A peine Symmaque eut succédé à Anastase, saint Eone, alors

---

1. Ballerini, *S. Leonis opera*, t. I, c. 642. *Gall. christ. nov.* Arles. *Instr.* 57.
   2. *Gallia christ. nov.* Arles. *Instr.* 65.
   3. *Les fastes épiscopaux*, t. I.

évêque d'Arles, dépêcha sa réclamation, qui fut admise. C'était l'an 499[1]. En sorte que Césaire, dès sa promotion, fut à la tête d'une province qui contenait vingt-sept évêchés, savoir douze dans la Viennoise, sept dans la seconde Narbonnaise et huit dans les Alpes-Maritimes[2].

Le nouveau métropolitain fit revivre avec zèle l'influence arlésienne, la délégation pontificale du vicariat et toute l'autorité des décrétales touchant les attributions de son siège. Il n'était pas question d'un héritage d'honneur personnel, mais d'une charge attachée à la fonction. Scrupuleux dans le devoir, il vit d'un coup l'importance exceptionnelle du primat pour le salut des âmes et l'avantage de l'Église. Sa grande intuition catholique lui fit considérer que la longue dispute de la préséance entre Arles et Vienne n'avait fait qu'accroître l'autorité pontificale et diriger les cœurs vers la capitale du monde religieux. Avitus, son rival, s'adonnait à la poésie et à la littérature. C'était un fin politique et un homme de Dieu. Comme prédicateur, il est plus cultivé que Césaire ; comme théologien, il est polémiste de la Trinité. Césaire le dépasse pour la vigueur de l'action et triomphe de lui par la force du droit.

1. *Gallia christ. noviss.* Arles. *Instr.* 93.
2. Arles, Avignon, Carpentras, Cavaillon, Die, Marseille, Nice, Orange, Saint-Paul-Trois-Châteaux, Vaison, Viviers, Uzès ; Aix, Antibes, Apt, Fréjus, Gap, Riez, Sisteron ; Embrun, Castellane, Cimiez, Digne, Glandevès, Rigomagus, Senez, Vence. En fait, les divisions nationales empêchèrent jusqu'en 523 la réunion à Arles des évêchés situés au nord de la Durance. Si Avignon put s'y joindre d'abord, ce fut sans doute parce qu'une partie de son diocèse était sur la rive gauche à son embouchure dans le Rhône. Quant à Uzès et Viviers, on sait leurs difficultés de communications canoniques avec Arles, en raison aussi des conquêtes ou des démarcations politiques.

Pour mettre en mouvement son pouvoir de primat, il voulut en connaître exactement les titres authentiques. C'est pourquoi il fit le dépouillement des archives épiscopales constituées dès avant lui en un fonds aussi complet que possible.

L'importance de la préfecture des Gaules avait favorisé avec les ressources du régime impérial ce dépôt administratif et disciplinaire. Le recueil des privilèges de l'Église d'Arles s'augmenta des pièces que sut obtenir Césaire lui-même. Et ainsi le progrès religieux put se faire dans la Gaule, selon le texte des canons, dans des vues désintéressées, avec circonspection, en attirant toujours plus de considération sur l'autorité du Saint-Siège. A chaque difficulté, le vicaire se tournait vers Rome et sollicitait une déclaration formelle.

Les règlements ecclésiastiques appelés *Statuta Ecclesiæ antiqua* ont été longtemps attribués au quatrième concile de Carthage. La *Patrologie* les a insérés en dernier lieu dans le 3ᵉ volume des œuvres de saint Léon le Grand[1]. M. Maassen a démontré[2] qu'ils représentaient la discipline gallicane du vᵉ siècle et en particulier celle d'Arles. Un historien de haute valeur, M. l'abbé Malnory, dans un mémoire fortement documenté sur la question, les a restitués à Césaire d'Arles[3].

On aime à suivre M. Malnory lorsqu'il analyse si magistralement l'œuvre anonyme de ces statuts.

---

1. *Patr. lat.*, t. LVI. Les frères Ballerini ont prouvé dans leur édition de saint Léon que ces statuts ne sont pas africains.

2. *Gesch. d. canon. Rechts.*

3. *Congrès scientifique internat. des catholiques* (1888), t. II, pp. 428-39.

Elle avait été placée par d'ignorants copistes dans des volumes qui appartiennent aux Pères Africains. Or les indications de lieu, les divergences géographiques entre certains canons ne peuvent convenir qu'à Arles. Prenons par exemple le statut 22 et son original, le [canon 2 de Vaison, au sujet des pénitents surpris par la mort avant leur réconciliation.

Le concile avait prévu le cas de mort subite survenue dans les champs. Le statut met à la place les accidents arrivés en mer et nous transporte ainsi d'un milieu continental dans un autre de grande activité maritime comme Arles. C'est le genre d'accident que Césaire mentionne toujours dans ses sermons contre le délai de la pénitence.

Le statut 33 nous montre cette ville livrée à la fureur des spectacles au point de négliger les solennités de l'Église. C'est un abus contre lequel Césaire a prêché souvent. Ne perçoit-on pas dans ce texte une vision d'Arles chrétienne entre les deux tentateurs païens : le théâtre et les arènes ?

Selon l'auteur affiné et savant de la thèse sur Césaire d'Arles[1], les *Statuta Ecclesiæ antiqua* ne peuvent être postérieurs à Césaire, mais ils viennent après Hilaire. Il y a, en effet, plusieurs amendements à la discipline contemporaine de ce saint arlésien. Ainsi, encore vers 460, l'Église occidentale condamnait la mutation des évêchés, qu'elle regardait comme un divorce spirituel. Hermès, mal vu par ses diocésains de Béziers, avait accepté le suffrage de ses concitoyens pour l'évêché de Narbonne, sa ville natale. Ce fut un scandale et le Pape dut inter-

---

1. *Saint Césaire d'Arles,* par A. Malnory.

4.

venir. Une autre jurisprudence permettra bientôt
œ qu'on ne pouvait plus empêcher par suite de gouvernements persécuteurs ou d'une population jalouse
et susceptible.

Dans les statuts on traite les assemblées des
ariens de réunions du diable et on se gêne peu
pour mépriser l'hérésie couronnée. Le tableau des
laïcs puissants, des fonctionnaires qui briguent les
évêchés et, les ayant obtenus, écrasent les clercs,
les prêtres, les vieillards de leur fatuité opulente,
ordonnent qui bon leur semble sans souci des règles, cherchent à monter sur les sièges les plus
riches, voilà qui est l'expression même de la pensée de Césaire.

Et ce goût si personnel qu'il a pour la lecture et la
prédication se trouve tellement spécifié dans les
statuts qu'on y reconnaît l'équivalent d'une signature.
Il n'est pas douteux, au surplus, que Césaire ait
rédigé de pareils articles : « Si quelqu'un sort de
l'Église au moment de la prédication, qu'il soit
excommunié. Que l'évêque ne possède que des
meubles de vil prix et qu'il cherche à briller uniquement par la vertu. Que les pauvres et les vieillards soient honorés plus que les autres ». Tout cela
nous le rencontrons presque mot à mot dans les
œuvres authentiques de notre saint.

Si nous comparons le style, il est frappant de res-
semblance dans les statuts et les sermons. Un
grand nombre d'expressions sont les mêmes, quand
le texte n'est pas répété identiquement; partout
c'est l'inélégance, la rusticité, le mépris dè la littérature.

Césaire a dû collectionner ces articles au début de
son épiscopat, avant le concile d'Agde, car en 5o6

certains usages sont un peu remaniés[1]. Quoi qu'il en soit, les 102 règlements ecclésiastiques des *Statuta* regardent principalement lés évêques. C'est l'apostolat du métropolitain et du vicaire de la Gaule, peut-être le plus fécond de tous.

En première ligne vient la croyance dogmatique sur laquelle l'évêque élu doit être interrogé, ensuite l'exposé de ses devoirs, enfin un rituel des ordinations encore en vigueur dans celui de nos jours.

Il est intéressant de comparer les interrogations posées aux candidats au baptême avec celles sur la foi concernant les évêques. Ces dernières sont de même teneur, mais plus nombreuses, plus détaillées. On notera surtout dans cette série de croyances la mention de la sainte Vierge Marie, la précision du dogme de l'Incarnation, des deux natures dans le Christ[2].

Il est édifiant de voir l'effort de Césaire pour établir l'équité dans les gouvernements diocésains. Sa volonté est que l'évêque consulte son *presbyterium* dans les décisions importantes et évite tout acte d'absolutisme, d'arbitraire.

C'est d'après l'interprétation la plus rigoureuse de ces règles qu'il oblige les évêques à venir aux conciles ou, en cas d'empêchement très grave, à se faire représenter par un de leurs clercs.

Il est touchant de lire les attentions et les marques de respect prodiguées au sacerdoce, aussi bien aux vétérans du clergé qu'aux nouveaux ordonnés. A l'église, l'évêque aura un siège un peu plus élevé,

1. *Saint Césaire d'Arles*, par A. Malnory.
2. « *Qui episcopus ordinatus est antea examinetur si fidei documenta asserat, id est Patrem et Filium et Spiritum Sanctum — si Incarnationem etc...* »

mais chez lui il se considérera comme le collègue, le
confrère de ses prêtres.

Les prêtres, Césaire les veut très distingués par
la tenue, la dignité de vie, les vertus. Ainsi qu'à
Rome, ils doivent avoir le visage rasé et les cheveux
courts. Libre aux laïques de porter la barbe et des
cheveux longs, de fréquenter les marchés, d'aller
flâner au Forum, de courir après les discours des
places publiques, d'assister aux festins de noces :
pour eux, ils ne se mêleront pas à ces usages profanes.

Exercer un honnête métier, travailler si l'on est
pauvre, transcrire des manuscrits, voilà ce que peut
faire un digne ministre du Christ.

Quant à la charité, la concorde avec les égaux, la
modestie, il en exige l'observation stricte, de même
qu'il déploie la plus grande sévérité envers les pénitents. A cet égard, il exclut des saints ordres ceux
qui étaient soumis à la pénitence publique.

Après les évêques et les prêtres, Césaire vise le
peuple chrétien tout entier. Il flagelle la fureur des
spectacles, les superstitions païennes et tous vices
qu'il nous sera donné de mieux connaître dans le chapitre relatif aux sermons[1].

Le législateur ayant fait la loi, il fallait l'appliquer.
En cela, Césaire s'est heurté à de sérieuses résis-
tances. Pour les vaincre, il provoqua ardemment
l'intervention directe du Saint-Siège. Nous rappor-
terons quelques cas prouvant l'exercice du privilège
primatial, en attendant d'aborder l'étude des conciles et la correspondance avec Rome[2].

Avitus possédait une grande influence sur les Bur-

---

1. Cf. chapitre ix.
2. Cf. chapitres vii et viii.

gondes, et leur roi, Gondebaud, était très attaché à
l'évêque de Vienne. Il le méritait bien, d'ailleurs,
par ses qualités, son caractère, son talent, ses œuvres.
Les Burgondes, descendant jusqu'à la Durance, empêchèrent la juridiction arlésienne de franchir cette
limite. Rien de plus pressé alors pour le métropolitain de Vienne, que de prendre la place du métropolitain d'Arles dans la direction des affaires de cette
zone. Des soldats, des fonctionnaires accompa-
gnaient Avitus et lui prêtaient l'appui du pouvoir
royal. Césaire adressa un libelle au Pape et s'expli-
qua avec lui sur ce point de discipline. Symmaque
répondit de s'en tenir à la décrétale de son prédécesseur Léon, reprocha à Avitus de s'abriter sous la
force séculière, et recommanda de ne rien innover
en fait d'attributions. « C'est au siège apostolique,
dit-il, qu'il appartient de veiller avec la plus grande
sollicitude au maintien de la paix entre toutes les
parties de l'Église, ce qui a lieu quand les successeurs suivent la trace des devanciers. Le différend
entre Arles et Vienne a été jugé, nous en possédons
ici les documents. Qu'on s'en tienne à ce qui a été
décidé.

« Nous voulons, ajoute Symmaque, confirmer les
privilèges d'Arles tant en Gaule qu'en Espagne pour
ce qui touche le vicariat. Tous ceux qui auront à
venir auprès de nous, à Rome, se muniront du *placet*
d'Arles, s'ils veulent être admis à notre audience. »

Une marque de particulière estime fut encore
donnée à Césaire. Le Souverain Pontife lui conféra
l'usage du pallium, insigne absolument unique en
Gaule[1].

---

1. Cf. chapitre v.

Tous les évêques reçurent communication des
volontés de Rome au sujet de ces privilèges; aussi
était-il rare de ne pas rencontrer à Arles des prélats et des clercs venant prendre le mot d'ordre,
les lettres formées, les conseils du représentant du
Pape. Les courriers d'Espagne et d'Aquitaine aussi
bien que ceux de Bretagne et des Alpes amenaient à
Césaire les hommes les plus divers. Parmi ceux-ci, les
Bollandistes nous signalent spécialement saint Aubin,
évêque du Mans[1]. Il était accompagné de saint
Léobin qui, tourmenté de perfection, fuyait vers
Lérins, à la recherche du monastère idéal. Les deux
visiteurs exposent leurs difficultés, soumettent leurs
scrupules et après un cordial accueil remontent vers
le Nord, munis de réconfortantes instructions. Ils
durent porter aussi des exemplaires des conciles et
quelques-uns de ces recueils d'homélies expédiés
jusqu'aux plus lointaines provinces. Nous savons
par les premiers biographes que Césaire ne manquait
jamais de profiter de toutes les occasions d'évêques
ou de prêtres pour stimuler le zèle, rendre sa pri-
matie vivante, tourner les regards vers Rome. C'est
à lui que se rattache, sans conteste, le mouvement
extraordinaire qui se fit en faveur du Pape. Clovis
avait été salué comme le champion de la foi chrétienne, saint Remi, saint Avitus firent passer par leurs
cœurs les impressions de la Gaule et les impressions
de Rome, Césaire, dans les conciles, dans sa juridiction générale, dans son vicariat, mit plus spécialement en relief la suprématie de l'Église romaine.

Une surveillance générale des affaires ecclésiastiques impliquait souvent l'intervention de Césaire

---

1. *Bolland.*, 1ᵉʳ mars. — *Patrolog. lat.*, t. LXXXVIII.

auprès des évêques. Autant il était humble et modeste dans son intérieur, autant il était ferme et
absolu pour faire observer le droit.

L'évêque d'Aix, qu'on a dit être Basile, mais que
le docte Albanès identifie avec Maximin, refusa de
se rendre à aucune convocation de Césaire[1]. Aussitôt
Messien, son notaire, porte à Rome un libelle. « Il
est raisonnable, répond Symmaque, il est juste que
l'Église d'Arles ne soit pas frustrée de ses privilèges;
oui, ce serait être ennemi du bien que de ne pas
obéir à son chef. C'est pourquoi l'évêque d'Aix doit
se soumettre au métropolitain d'Arles toutes les fois
qu'il s'agira de concile, de discipline, d'honneur.
Nous réitérons, au surplus, que ne pas déférer à
l'invitation régulière d'Arles, c'est encourir les peines
ecclésiastiques. De même, ce serait s'exposer à ne
pas être reçu en notre communion, si on négligeait
de prendre le passeport de route à la chancellerie du
vicariat[2]. »

L'aristocratie sénatoriale avait fourni un titulaire
à l'église de Limoges. C'était un homme de grand
mérite. Rurice ne put aller au concile d'Agde.
Quoique lié à Césaire par une profonde amitié, il
n'en reçut pas moins une lettre lui demandant des
explications sur sa conduite. L'évêque répondit que
ses infirmités seules étaient cause de son abstention.
Il était difficile de se montrer sévère pour un vieillard que son âge excusait[3].

Ainsi, le résumé de ces faits concrétise les règlements disciplinaires de Césaire arrivé à l'épiscopat

---

1. Albanès, *Gallia christiana novissima*, t. I.
2. *Mon. Germ. hist. Epist.*, t. III. — Jaffé.
3. *Patrolog. lat.*, t. LVIII. — Cf. *Concile d'Agde*, Sirmundus.

à l'âge de trente-trois ans et manifeste l'exercice de pouvoirs étendus concédés par Rome. De l'Église d'Arles procéda en grande partie le christianisme gallo-romain. Comme le dit M^{gr} Duchesne, les *libri canonum* de la Gaule mérovingienne, dont quelques-uns nous sont parvenus dans les exemplaires originaux des VI^e et VII^e siècles, dérivent presque tous des recueils arlésiens. A ces sources de droit canonique, ouvertes surtout par notre saint, burent toutes les provinces de l'ancienne France[1].

1. *Les Fastes épiscopaux*, t. I, ch. II.

# CHAPITRE V

PERSÉCUTIONS. — ALARIC II, THÉODORIC. — EXIL A
BORDEAUX (505) ET A RAVENNE (513). — VOYAGE A
ROME. — RACHAT DES CAPTIFS.

Les Visigoths étaient les maîtres d'Arles au commencement du vi⁰ siècle, mais leur domination ne
passait pas la Durance. Là venait aboutir la puissance burgonde. Gondebaud, chef de la Burgondie,
traitait les catholiques avec justice et entretenait les
meilleures relations avec l'évêque de Vienne. Césaire
était né en pays burgonde et ses fonctions de métropolitain le forçaient de traverser la Durance.
Peut-être aussi avait-il des sympathies pour un gouvernement favorable à l'Église et appelait-il de ses
vœux un roi protecteur. Le livre Iᵉʳ de sa biographie
le défend de ces pensées et nous représente le saint
demandant nuit et jour, dans ses prières, la paix
entre les nations et la tranquillité de sa province [1].
Mais Alaric II, quoique répugnant à la politique de
combat suivie par son père Euric, n'en écoutait pas
moins les susceptibilités de sa Cour. Personne ne

_____

1. Lib. I, cap. ii, 16 : « *Ille pastor flexis genibus pacem gen-
tium, quietem urbium diebus ac noctibus a Domino postulat.* »

niera qu'à ce moment précis la Gaule fut très divisée
du Nord au Midi, de l'Est à l'Ouest. Quatre concur-
rents se disputaient nos belles provinces. La jalousie
et l'intrigue, les procédés barbares et la modération
étaient tour à tour les mobiles de la politique soit
des Francs et des Ostrogoths, soit des Burgondes et
des Visigoths.

Avec un pareil état d'esprit une accusation était à
craindre, surtout en présence du zèle ardent du nouveau métropolitain. « Césaire, rapporta-t-on à Alaric,
est très lié avec Gondebaud, et vous trahit au milieu
des populations qu'il veut livrer aux Burgondes. »

Cette imputation produisit immédiatement son
effet et celui qui n'avait aucun tort à se reprocher
fut marqué du signe des traîtres. Le croirait-on, si
on n'avait l'exemple de Judas ? Ce fut un des notaires
mêmes de l'évêque d'Arles qui commit ce crime.
Il s'appelait Licinien, vivait à la table de Césaire et
connaissait sa vie irréprochable, apostolique, toute
divine.

Le démon ne pouvant souffrir celui qui prie, qui
opère son salut et procure celui des autres, obscurcit
l'intelligence du roi barbare. Non seulement il
accueillit l'accusation, mais, sans raisonner, sans
offrir aucun moyen de défense, méprisa despotique-
ment toutes les formes de la justice. Sur un simple
commandement, Césaire fut enlevé et jeté à l'autre
extrémité du royaume. Pauvre victime, il demande
inutilement une enquête, et n'obtient pas de se disculper [1]. La légitimité de la plainte reste donc pour
nous problématique et l'histoire demande des
preuves pour croire qu'elle est fondée. Ne savons-

---

1. *Vita,* lib. I, cap. II, 17.

nous, par ailleurs, que certains évêques de la démarcation politique de la Loire durent prendre le chemin de l'exil? Volusien et Verus de Tours, nous dit
saint Grégoire[1], ont subi la mort et la relégation
sur un simple soupçon d'Alaric. Voilà qui est sûr,
tandis que le procédé visigothique est brutal. C'est
en l'an 5o5 que Césaire fut conduit comme un coupable à Bordeaux. Il allait expier ses sympathies
prétendues pour les Francs et les Burgondes dans la
ville d'Ausone, mieux partagé encore que Verus,
perdu là-bas au pied des Pyrénées.

Bordeaux représenta longtemps la culture romaine
dans l'histoire de la Gaule. La fortune lui ayant
confié un des flambeaux des lettres latines,
écoliers et maîtres innombrables accoururent à sa
clarté. Une grande Université s'y fonda au ive siècle.
Ses bienfaits inondèrent l'Occident romain. Ausone
y commença le cycle des études et, brillant élève,
il y revint comme professeur accompli. On arrivait
à tout par la rhétorique. Ce qui était terriblement
vrai au temps de Cicéron arriva à l'époque d'Ausone.
Le bon César Théodose le demanda pour qu'il lui
fît savourer ses œuvres, et imitant Auguste, qui écrivit à Horace, le combla de ses faveurs. Amoureux de
liberté et de tolérance, il finit par faire l'éducation
de Gratien, héritier de l'empire. Parvenu au cousulat, il se retira dans une de ses maisons de campagne, pour vivre sans tracas avec des amis et des
livres.

Le souvenir d'Ausone, de Paulin de Nole, son
frère d'âme, était tout chaud encore lorsque Césaire
arriva à Bordeaux. Les savants maîtres de l'Univer

---

1. *Hist. Franc.*, lib. II.

sité, il ne chercha pas à les fréquenter, mais beaucoup tinrent à le voir. Il se présenta à l'évêque, et
Cyprien lui offrit l'hospitalité. L'homme heureux est
celui qui ne désire pas ce que la Providence lui refuse.
A Bordeaux, Césaire se fit une vie d'oraison et de
recueillement, s'abandonnant à ses habituelles pensées de foi.

Nous ne savons comment il connut Rurice ni de
quelle façon eut lieu la première rencontre avec ce
puissant évêque de Limoges. Personnage sénatorial,
en relation avec les bureaux de la Cour d'Alaric, il
jouissait d'une grande influence auprès du gouvernement. L'été, il aimait son plateau limousin et il y
restait dans la fraîcheur; mais, l'hiver, il ne manquait pas de soigner sa santé à l'abri d'une station
ensoleillée du golfe de Gascogne.

Une lettre datée de 5o6, publiée dans la *Patrologie* [1], nous permet de constater les entretiens ami-
caux qu'eurent les prélats durant l'hiver de 5o5,
alors qu'ils se trouvaient tous les deux à Bordeaux.
Sans aucun doute, ce Rurice et d'autres hauts per-
sonnages approchèrent Alaric et lui parlèrent avan-
tageusement de l'exilé. Connaissant mieux le métropolitain d'Arles, le roi l'estima, lui rendit ses grâces.
Ni prévention, ni soupçon ne subsistèrent, le revire-
ment était complet.

La *Vita Cæsarii* [2] intercale ici un miracle que nous
copions exactement, en lui laissant toute sa saveur. Il
prouve une fois de plus ce qu'on attendait des saints
à cette époque éprise de merveilleux et tout éclatante
de foi en la puissance de Dieu. Le peuple, dans sa

1. *Migne*, t. LVIII.
2. *Vita*, lib. I, cap. II, 17.

croyance ingénue, était toujours sûr de se rendre le monde surnaturel accessible et protecteur. Dès qu'il se sentait submergé par la violence des éléments ou de la nature, il recourait à Dieu et aux saints qui, sur la terre, brillaient par leurs vertus.

Un incendie donc s'était déclaré à Bordeaux au milieu de la nuit et le feu menaçait d'envahir une grande partie de la ville. On accourut auprès du persécuté, de l'homme de Dieu chassé de son diocèse, revêtu de l'auréole des miracles : « Saint Césaire, lui criait-on de toutes parts, priez pour nous ; bienheureux Césaire, venez, arrêtez l'incendie ».

Touché de douleur, ému de pitié, l'homme de Dieu se lève et suit la foule qui le conduit au feu. A la vue de la flamme immense qui enveloppait la ville et, pétillante, brûlait les habitants, il se prosterne à terre et prie avec ferveur.

Aussitôt les tourbillons de feu s'arrêtent et, en même temps que montent les invocations, la flamme s'éteint.

Tant de pouvoir augmenta encore la vénération populaire et des acclamations infinies s'élevèrent vers le ciel pour bénir le Divin Maître et son pieux serviteur.

Le lendemain, la ville entière de Bordeaux apprit ce prodige avec joie et un concours immense de citoyens, de femmes, d'enfants s'empressa autour de Césaire pour le saluer comme un apôtre et le remercier comme un libérateur. L'auteur de la persécution était doublement confondu. Césaire n'était plus un accusé. Dieu montrait son innocence et les grands du monde, aussi bien que les plus petits, rappelaient à Alaric son devoir.

En attendant, les fidèles étaient avides d'entendre

la parole de Césaire. L'orateur arlésien, passionné pour la prédication, ne cessait d'instruire, dans les cryptes de Saint-Seurin et les basiliques, tous les bons chrétiens de Bordeaux. Il leur disait, ajoute son premier biographe, avec un à-propos que les circonstances éclairaient lumineusement : « Rendez à César ce qui est à César; obéissez à votre prince ; mais rendez aussi à Dieu ce qui est à Dieu, observez ses commandements. Respectez le prince, obéissez-lui, quand il prescrit des choses justes, mais méprisez l'erreur sur les dogmes et la discipline ».

Ses auditeurs ne manquaient pas d'admirer le courage apostolique de Césaire qui osait dire ces vérités en face, et ils étaient fiers de cet évêque sans peur ni rancune. Plus il était dissemblant de ces prélats ariens, sans énergie, sans dignité, nourris dans les palais, flatteurs de Cour, plus il brillait d'une auréole conquérante. C'était comme un candélabre illuminé qui irradiait le monde et l'attirait à ses rayons bienfaisants.

Alaric, qui faisait codifier à cette époque la loi romaine des Visigoths, n'y admit pas la participation de Césaire. Celui-ci profita néanmoins des bonnes dispositions politiques du prince et de ses avances de conciliation. Il prépara le concile d'Agde, en parla à Alaric, se ménagea l'appui précieux des évêques de Bordeaux et de Limoges et partit pour son Église. Son exil avait été très court et cependant très fructueux pour la religion, tant il est vrai que Dieu, lorsqu'il lui plaît, sait facilement changer le mal en bien. Césaire traversa Toulouse, où siégeait la Cour d'Alaric, passa à Narbonne, chef-lieu de la province, salua les évêchés du Languedoc, en cherchant celui qui pourrait le mieux servir de trait d'union pour le concile projeté, enfin revit le Rhône et se trouva devant Arles.

A la nouvelle de son retour, le clergé, les moines, le peuple, les magistrats, les marins, les fonctionnaires, toute la fraternité, en un mot la cité entière se précipite au-devant de lui. C'est l'enthousiasme de la foi, le délire des Barbares et les acclamations plus graves des Gallo-Romains. Hommes et femmes ont des croix à la main, ainsi que des flambeaux, chantent des cantiques, des psaumes, ils jettent des vivats en grec et en latin[1].

Tous ces détails tirés textuellement de la *Vita* du vi[e] siècle ne sont-ils pas une évocation précieuse de ce milieu si lointain qui se reproduit et revit dans certaines manifestations contemporaines?

L'auréole du confesseur, qui suscite toujours des sympathies ardentes, procura à Césaire des gages d'une joie inespérée. Dieu voulut lui-même se mêler à ce triomphe, et il arriva un fait miraculeux qui mit à son comble l'allégresse publique. Pendant que la procession de sympathie, de vénération, d'honneur à l'exilé, se déroulait triomphante, alors qu'on parcourait la ville en admirant la décoration du Forum, les tentures appendues à l'atrium, aux portiques, à la façade de la vieille basilique, les voiles peints accrochés aux maisons de la *via principalis*, soudain le ciel s'obscurcit et une pluie abondante inonda la campagne, brûlée par une très longue sécheresse[2]. La Provence, avec

---

1. Lib. I, cap. ii, 18.
2. « *Et perfidos aperta mirabilium luce confundi, in adventu servi sui Dominus terram arentem longissima siccitate, largis-*

son soleil d'Orient, ne demande qu'un peu d'eau pour être fécondée et produire les fruits les plus exquis. Cette bonne ondée dispensa les bénédictions temporelles sur les champs et symbolisa les grâces spirituelles de l'âme.

Un acte de justice restait à accomplir après ces fêtes. Alaric ordonna d'appliquer au calomniateur la peine de la lapidation, comme c'était la règle pour un pareil crime. Le peuple se chargeait déjà de cette œuvre, lorsque Césaire en fut informé. Il courut au lieu du supplice, arracha le malheureux Licinien à ses bourreaux, le prit sous sa protection, apaisa la populace, intercéda auprès de tous et fit tant enfin qu'il put soustraire le coupable au châtiment mérité. C'est là l'histoire éternelle des grands cœurs. La magnanimité en eux dépasse toujours l'offense qu'ils ont reçue. Césaire guérit cette âme de traître et remporta ainsi deux victoires sur son adversaire ; celle d'une admirable résignation dans la peine et celle d'une vengeance plus admirable encore, le pardon du péché [1].

Alaric et Clovis étaient trop ambitieux, trop voisins pour ne point se faire la guerre. Aux plaintes réciproques, aux griefs mutuels succèdent les perfidies et les combats mortels. Rien ne put arrêter l'ardeur des rivaux, pas même l'arbitrage du roi des Goths. Clovis rassembla ses Francs et leur dit : « Je vois avec peine que les ariens possèdent une partie des Gaules. En avant donc ! Soumettons tout le pays à nos lois ». Alaric harangua ainsi ses soldats : « Vos pères ont vaincu les Romains, ce ne sera

---

simo imbre perfudit ut fructum fecunditas sequeretur ». Lib. I, cap. II, 18.

1. Ibidem.

qu'un jeu pour mettre en fuite une poignée de Francs ».

Aussitôt les trompettes sonnent et les armées s'élancent dans la plaine de Vouillé. Tout à coup, au milieu du fracas des armes, on entend Clovis invoquer Dieu à haute voix. Par saint Martin, le plus grand thaumaturge des Gaules, par saint Pierre, chef de l'Église, par la Croix, qui a triomphé du monde, les Francs se disciplinent et s'encouragent. La victoire est vaillamment disputée, mais elle ne reste plus longtemps douteuse, quand Clovis, culbutant Alaric, l'assomme d'un coup de sa lourde épée (507).

Gondebaud profita à l'instant de la défaite des Visigoths et vint mettre le siège devant Arles. Il serait injuste de croire que la catastrophe d'Alaric eut l'assentiment de tous les catholiques de son royaume. L'Auvergne montra jusqu'à l'héroïsme son dévoûment au gouvernement de Toulouse et, en beaucoup de lieux comme chez certains évêques, l'invasion des Francs a laissé le souvenir de vexations inattendues.

Ces faits nous expliquent la situation d'Arles lorsque les Francs s'unirent aux Burgondes pour s'emparer de la ville [1]. Le loyalisme visigothique des habitants fut admirable, tandis que les assiégeants catholiques s'attaquèrent même au monastère de religieuses en construction dans la nécropole des Alyscamps.

En face de la coalition militaire de Thierry, fils aîné de Clovis, et de Gondebaud, chef des Burgondes, les troupes de Théodoric, roi des Ostrogoths, acconrurent de l'Italie pour secourir les fidèles Arlésiens.

---

1. *Vita*, lib. I, cap. III, 20, 21.

et conserver avec eux le boulevard de la puissance
visigothique dans le Midi (5o8). Le duc Ibbas les
conduisit en toute promptitude. En attendant qu'ils
arrivent, le siège continue et les combats se multiplient. Que de ruines autour d'Arles ! De Trinquetaille aux Alyscamps, par-dessus le Rhône et le
cirque, des remparts romains qui protègent la Major
et se dirigent vers la porte de la Cavalerie, on remarque une quantité immense de soldats, on entend
des cris de colère, on perçoit avec stupeur leur désir
de vengeance.

C'est à ce moment qu'un jeune clerc, compatriote
et parent de Césaire, craignant des représailles dans
une prise d'assaut et redoutant la mort, conçut le
dessein de se livrer à l'ennemi. Il quitta, un soir, le
*presbyterium*, monta sur les murailles et, au moyen
d'une corde, descendit dans les fossés de la ville,
puis, le lendemain matin, se rendit au camp. A peine
l'évasion fut-elle connue dans la ville que Goths, Visigoths, Juifs, populace, tous se rassemblent, pous-
sant des cris de haine contre l'évêque et l'accusant
de vouloir livrer la ville. Son parent, le clerc trans-
fuge, passa pour son émissaire. Et, sans contrôle,
sans explication, sans preuve, sans débat contradictoire, la foule, si souvent encline à l'irréflexion, se
saisit de la personne de l'évêque et l'emmena, sous
la garde d'hérétiques féroces, au palais du Préfet[1].

On décida ensuite de le jeter dans le Rhône
pendant la nuit, ainsi que nous l'apprend la relation
de la *Vita*, ou du moins de le conduire à la forte-

---

1. « ... *Judæis præsertim et hæreticis idipsum absque reveren-
tia et moderatione clamantibus... extrahitur e domo ecclesiæ
antistes.* » Lib. I, cap. III, 21.

resse de Beaucaire pour le bannir plus tard. Dans
cet incident la source historique est si abondante
que chaque mot exprime une méchanceté, une in-
gratitude, un acte d'injustice envers le saint, toujours
plein de doucèur, comme le Divin Maître, agneau
au milieu des loups.

Dieu prit la défense du persécuté et du martyr.
Ses ennemis eurent beau s'emparer de sa maison et
l'envahir avec la soldatesque, on ne trouva rien
contre l'évêque. Le sac de ses appartements ressem-
bla à une sorte de bacchanale et, pour mieux préciser l'origine diabolique de l'incident, un Goth osa
profaner la pauvre chambre de Césaire en couchant
dans son lit. Il fut frappé de mort le lendemain matin, dit Cyprien, parce qu'il n'appartenait à personne
de polluer une maison de saint.

Cependant l'ennemi tenait les rives bloquées, et
les bateaux qui sillonnaient le Rhône en tout sens,
ne permettaient pas de sortir. L'évêque, traîné au
bord du fleuve, ne put donc s'embarquer. On le ra-
mena au palais de la Trouille, par les ténèbres de la
nuit, comme le Christ auprès de Pilate. Là on le
garda quelque temps et on le cacha si bien qu'aucun
catholique ne savait où il était, ni même s'il vivait
encore[1].

Un incident nouveau, tout en montrant qu'il n'y
avait aucune intelligence entre les assiégeants et l'évêque, découvrit la cabale des Juifs dans cette affaire.
Ces derniers, qui étaient nombreux dans la ville,
n'avaient certainement pas à se plaindre du pasteur.
Jamais, dans ses homélies, un mot qui respirât
l'exagération confessionnelle à leur égard; toujours

1. Lib. I, cap. III, 21 : « *Nullus catholicorum posset agnoscere.* »

des paroles et des sentiments de condescendance.
Pourquoi donc s'acharnèrent-ils sur lui, sinon par
intérêt de race, par passion fanatique, par mali-
gnité? Toute cette perfidie fut découverte aux Goths
dans un billet imprudent. Un Juif, étant de garde sur
les remparts pendant la nuit, lança aux assiégeants
une lettre liée à une pierre. Il disait son nom et, de
la part de ses coreligionnaires, il offrait de les introduire dans la place par l'endroit du mur qui lui était
confié. Il y mettait une condition, c'est que lui et
les siens seraient épargnés soit dans le pillage des
biens soit dans la punition par la captivité.

Le lendemain, à l'aube, les Goths, en faisant une
sortie autour des remparts et chassant quelques ennemis qui se trouvaient trop près des portes, ramas-
sèrent la lettre perfide. En la lançant contre le camp,
la force avait manqué et elle était tombée sans arriver à destination. Quelle ne fut pas la surprise de
la garnison et de tout le peuple, lorsqu'on eut en
main la preuve de la trahison! Le gouverneur assembla les Arlésiens sur le Forum, condamna à mort
le traître et fit arracher les Juifs de leurs postes de
défense [1].

Ce manquement au devoir envers la patrie ouvrit
les yeux des habitants. Les Juifs furent vilipendés et
peu s'en fallut qu'on les massacrât tous. « Césaire,
qui était comme Daniel dans la fosse aux lions, reçut
l'ordre de sa libération. Les fidèles allèrent à sa rencontre; du palais de Constantin à la basilique, ils
l'acclamèrent, rendant grâces à Dieu et chantant le

[1]. Cette circonstance de la trahison racontée par Cyprien
prouve que les Juifs jouissaient alors à Arles des permissions
ou droits accordés par Constantin, allant jusqu'à de hautes
charges municipales. Papon, *Hist. de Provence.*

verset du Psalmiste : « Celui qui prépare un piège à
son ennemi et creuse un trou pour l'engloutir y
tombe lui-même [1]. »

La longue résistance des Arlésiens contre les assiégeants permet aux troupes italiennes d'arriver. Ibbas
et Tulum, leurs généraux, dégagent la ville et infligent
une sanglante défaite aux Francs et aux Burgondes.
Jornandès porte à 30.000 le nombre des morts qu'ils
laissèrent dans les derniers combats.

Ce siège eut des suites douloureuses pour Césaire.
Les dévastations, la famine, la ruine des campagnes,
le mal des corps aggravé de celui des âmes et par-
dessus tout une contagion pestilentielle, voilà le
spectacle des misères qui s'offrit au bon pasteur. Il
fallait immédiatement soulager les uns et relever les
autres. Cyprien, dans sa *Vita*, et l'évêque, dans un
de ses sermons, nous font un tableau lamentable de
toutes ces horreurs.

« Les calamités présentes [2] nous sont imputables,
frères bien-aimés, car le monde est rempli de mauvaises mœurs, d'amertume et d'impureté. Examinez
ce que sont devenues tant de villes illustres. Arles a
subi un siège cruel et maintenant nous avons une
mortalité effroyable. Ceux qui restent peuvent à
peine suffire à ensevelir ceux qui meurent. Et qui dira
néanmoins toutes nos récentes douleurs? N'avons-
nous pas été témoins d'une captivité qui a décimé
des provinces entières, n'avons-nous pas vu les matrones forcées de partir, les femmes enceintes déchi-
rées, celles qui allaitaient séparées de leurs nouveau-

---

1. « *Daniel quoque noster, id est S. Cæsarius*, etc. » Lib. I,
cap. III, 22.
2. Appendix, *serm.* 298. *De adversitate temporali.*

nés? Sur les routes n'exposait-on pas 'les enfants
vivants avec les morts, sans permettre de réconforter
les uns et d'enterrer les autres? De crucifiantes fati-
gues, des tortures intolérables étaient infligées à des
femmes nobles et délicates, sans aucun égard à leur
sang glorieux. Les Barbares exigeaient d'elles les
plus humiliants services et les traitaient comme un
bétail sans valeur. Pauvres cœurs martyrisés, nos
oreilles ont entendu leurs gémissements! Qui donnera
à mes yeux des torrents de larmes pour pleurer un
tel malheur? Ce qui est plus triste encore, c'est que
plusieurs sont morts sans recevoir le sacrement du
baptême, restant ainsi des vases de colère auprès de
Dieu. Enfin quel plus juste sujet de deuil que la
violation du tabernacle du Très-Haut? Rien, rien
n'a été épargné : les églises, les clercs, les vierges
saintes. Oh! cela est horrible! »

Comme si ce n'était pas assez des ravages de la
famine et de l'épidémie, les Goths amenèrent dans
les basiliques les soldats laissés par l'ennemi entre
leurs mains. Le nombre des captifs fut si grand
qu'on en mit partout, même dans la maison de l'évêque. C'est à ce moment, au milieu de circonstances
si difficiles, qu'on put juger l'homme de Dieu dans
toute sa valeur.

Ces soldats, ces captifs, ces Barbares étaient mé-
langés. Parmi eux se trouvaient des catholiques, des
ariens et des infidèles[1]. Mais l'humanité et la religion empêchent de distinguer à quelle croyance
appartiennent les malheureux. Tous indistinctement,
catholiques ou non, sont accueillis dans la charité
de l'Évangile.

---

1. « *Repletur etiam domus ecclesiæ constipatione infidelium.* »

Peut-être quelques-uns de ces Francs ou de ces Burgondes ont violé des vierges, renversé des églises, saccagé les abbayes[1]. N'importe qu'ils aient cédé à leur instinct barbare, Césaire leur pardonne, et l'Église les hospïtalise tous. Ils reçoivent la nourriture, le vêtement et même le prix de leur rançon[2]. N'était-il pas préférable de procurer la liberté de retourner dans leur pays à ceux qui étaient catholiques, et de rendre aux Burgondes ses provinciaux des bords de la Durance et du Rhône? On peut être persuadé que le sort des captifs fut pour Césaire l'objet d'une vive pitié. Il s'intéressa particulièrement au flot de ses diocésains qui avaient eu le malheur d'être entraînés par les Barbares se repliant tout honteux vers le Nord.

Il multipliait sa charité, l'évêque, sur le théâtre où la guerre avait été si dure, si longue, si désastrense; mais il ne pouvait demander à son nouveau prince, comme le faisaient certains de ses collègues à Clovis, de se poser en protecteur des opprimés et en justicier de l'Église.

Pour augmenter ses ressources, il n'hésita pas à imiter la conduite de saint Laurent, de saint Ambroise, de saint Épiphane en face de nécessités semblables aux siennes. Encensoirs, patènes, calices, tout le mobilier, toute l'argenterie légués à l'Église par Eone et ses prédécesseurs furent vendus sans retard. Des colonnes et des balustrades de la cathédrale

1. Le chef des Francs avait déclaré prendre sous sa sauvegarde les églises et les clercs, mais l'histoire nous montre bien souvent des contradictions sur ce point. Les œuvres de Césaire enregistrent des brutalités franques comme beaucoup d'autres sources contemporaines.
2. Lib. I, cap. iii, 23.

pendaient de riches voiles d'argent, sur l'autel était
un ciborium d'or et le vase en forme de colombe pour
les hosties, aux pilastres demeuraient accrochées des
tentures précieuses, un luminaire abondant éclairait
la décoration des nefs : rien de cela ne fut réservé.
Certaines personnes blâmaient l'évêque de tant de
zèle, lui reprochaient sa « charité exagérée » et l'accusaient de déformer l'église pour servir des captifs.
« Peut-on faire quelque chose de trop, leur répon-
dait-il[1], pour des âmes rachetées par le sang de
Jésus-Christ? Dieu ne m'en voudra pas de donner le
métal de ses autels, car il a lui-même donné le prix
de son sang. Je voudrais bien savoir, d'ailleurs, ce
que diraient ceux qui me critiquent, s'ils étaient à la
place de ceux que je délivre. Oseraient-ils appeler
sacrilèges les auteurs de leur rachat? »

N'ayant plus de vases d'or pour le Saint Sacrifice
de la messe, il employait le verre et d'autres ustensiles de matière commune. Il s'en excusait, en rappelant que le Christ s'était immolé sur le bois de la
croix et qu'à la Cène il avait institué l'Eucharistie
dans la pauvreté. C'est ainsi qu'il vengeait la charité
par la vérité.

Messien rapporte que, non content de vendre les
trésors de l'église pour délivrer de la servitude les
pauvres captifs, Césaire donnait toutes les provisions
de son cellier pour en garnir leurs tables. A ce propos, il cite un acte de charité royale qui lui vint de
la part de Gondebaud et de Sigismond[2]. L'envoi
mystérieux de bateaux de blé prouve-t-il une certaine
intelligence entre l'évêque et les ennemis des Goths?

---

1. Lib. I, cap. III, 24.
2. Lib. II, cap. I, 8.

N'y a-t-il pas là plutôt une attention de gratitude en faveur de services rendus à des prisonniers sujets des Burgondes et des Francs?

Le terrible soupçon revient de nouveau et Césaire est accusé encore une fois de conspiration. Certes, tout ce qu'il faisait à Arles en ce moment était loin de faire prévoir une pareille éventualité.

Les incrédules aussi bien que les fidèles ne cessaient de crier au miracle et de chanter les louanges du serviteur de Dieu. Il était si incliné vers la générosité qu'on n'allait jamais à lui sans obtenir quelque secours. Témoin le fait naïf que nous racontent ses familiers : « Un Gaulois, du nom de Bienné, vint un jour chez lui et se plaignit d'avoir été réduit en esclavage avec les siens. Voici mon fils, dit-il à l'évêque, en lui montrant un jeune homme qui le suivait. Il est captif comme sa sœur, qui va arriver. L'homme de Dieu, ému de compassion, les embrassa et leur donna de quoi payer leur rançon. Deux jours après, Bienné retourna, accompagné cette fois de sa fille, et demanda pour elle l'argent de son rachat. Césaire fut aussi généreux que l'avant-veille. Or, on sut que Bienné n'avait point de fils, mais seulement une fille et que, sous l'inspiration d'un certain Jacques, il l'avait présentée deux fois à l'évêque, d'abord avec le costume d'homme et ensuite avec les vêtements de son sexe. Et, comme les serviteurs se fâchaient de cette indigne supercherie, lui tout tranquillement de répondre : Ne vous irritez pas de la sorte. Dieu nous récompensera de l'aumône faite à cet étranger. Quant à ce malheureux, qui m'a fait embrasser une jeune fille, qu'il demande pardon pour ce péché. Le ciel permettra qu'ayant embrassé un prêtre, bien qu'indigne, elle devienne une sainte religieuse et ne baise jamais un autre homme[1] ».

Théodoric, maître de l'ancienne partie du royaume visigothique touchant le Rhône et la Durance, envisageait cette annexion comme le prolongement de l'empire. Dans ses lettres expédiées de Ravenne à Arles, il disait aux habitants de se réjouir, parce qu'ils sont de nouveau placés dans la tradition romaine. Rentrez en la possession de votre ancienne liberté, ajoutait-il, dépouillez-vous de la barbarie, ne suivez plus les mœurs de l'étranger, soyez de vrais Romains. Et l'on vit se réaliser le rêve d'une hiérarchie et d'un ensemble d'habitudes rappelant ce qui existait avant Romulus Augustule. Un haut vicaire fut installé à Arles et les nobles familles eurent la faveur du nouveau régime. En 511, le fils de Magnus Félix fut nommé consul, tandis que les jeunes neveux d'Ennodius suivaient les cours des écoles de Rome, pour s'initier aux plus hautes charges du gouvernement.

Partout on respira une atmosphère de paix et de liberté. Envers les chefs de l'Église, évêques et prêtres, Théodoric montrait une correction pleine d'espoir pour les catholiques. Arles se ressaisissait. Césaire centralisait des aumônes considérables, ses religieuses venaient d'assister à la dédicace de leur couvent rebâti, lorsque tout à coup un ordre très déconcertant arrive (513).

Le Souverain appelait Césaire à Ravenne. Des gardes s'emparent immédiatement de sa personne

---

1. Lib. II, cap. II, 19 : « Dieu qui lit dans l'avenir, sachant qu'elle ne persévérerait pas dans la virginité, la retira presque incontinent du monde, ainsi que chacun le vit et le sut à la basilique des Apôtres, en Arles. »

et le voilà sur le chemin de l'Italie[1]. Pour juger une mesure pareille on ne peut que conjecturer une dénonciation faite à Gemellus, le vicaire local. Celui-ci, craignant sans doute les rancunes, peut-être les colères ou la vengeance de quelques comtes militaires ariens, dut transmettre le rapport formel de trahison. C'était toujours, apparemment, la même cause d'hostilité. Césaire était plus haut que les vainqueurs et les vaincus. Il faisait le bien à tous sans regard de nation. De même que la fournaise éprouve l'or et l'argent, dit Cyprien, ainsi Dieu éprouve le cœur des élus.

Il laissa donc sa ville, l'apôtre d'Arles, il dit adieu à ses chères vierges des Alyscamps et, bénissant son peuple, il prit hâtivement le courrier impérial qui devait l'emmener vers la capitale. Refaisant le parcours de cette célèbre voie aurélienne, semée de temples et de tombeaux antiques, de villas, d'oratoires chrétiens, il passe à Aix, Saint-Maximin, Fréjus, jette un regard sur Lérins et, brûlant les étapes de la Péninsule, il arrive à Ravenne. Sur-le-champ introduit dans le palais, il s'empresse de saluer le roi, dit notre fidèle narrateur du VIe siècle.

Théodoric le Grand n'eut pas plutôt aperçu la belle, intrépide et vénérable figure de Césaire qu'il sentit le néant des accusations dirigées contre l'homme de Dieu. Il descendit de son trône, se découvrit respectueusement, alla au-devant de lui, l'interrogea avec affection, non sur le sujet qui l'amenait en sa présence, mais sur son apostolat, son voyage, sa santé, sur les Arlésiens et sur les soldats

---

1. Lib. I, cap. III, 26.

goths qui tenaient garnison à Arles. Dès que l'illustre visiteur fut sorti, il dit à son entourage et
aux ministres de sa Cour : « Je ne comprends pas
qu'on ait infligé à un homme saint et juste un
voyage si pénible dans la tenue d'un prisonnier. Ce
qu'il est, cet évêque, je l'ai senti dans tout mon
être, qui a tremblé lorsqu'il entra pour m'offrir ses
salutations. Oui, je le vois, son visage angélique,
son attitude d'apôtre ne permettent pas de penser
mal de lui. Que Dieu n'épargne pas ses dénoncia-
teurs[1] ! »

Évidemment des amis haut placés, peut-être
quelques membres de l'épiscopat, avaient parlé au
prince des mérites et de l'innocence du saint. L'impression favorable de sa visite acheva la justifica-
tion. Pour mieux l'accentuer, Théodoric lui fit remettre un plat d'argent massif avec un présent de
trois cents sous d'or. « Recevez, lui disait-il dans
un mot charmant qui doublait le prix du cadeau,
l'offrande du roi, votre fils, et gardez-la en souvenir
de son amitié. »

Cyprien rapporte ici des détails qui montrent à
quel point Césaire fut heureux et favorisé à la Cour
de Théodoric. Il va sans dire que l'évêque ne fit
jamais paraître le plat d'argent à sa table. Sa pauvreté monacale se contentait d'ustensiles de bois, de
verre ou de céramique grossière. Le beau disque
royal fut donc vendu sur une place publique et ad-
jugé au plus offrant. Son prix servit à libérer plusieurs captifs. On raconta cette action à la Cour, en
ajoutant que la maison où logeait Césaire était jour-
nellement envahie de pauvres et de prisonniers.

---

1. Lib. I, cap. iii, 26.

Quand il sortait, tous ces malheureux l'entouraient et l'assaillaient dans les rues, et la misère sous toutes les formes était son escorte habituelle.

Théodoric admirait toujours davantage le bienheureux, et ne cessait de répéter des louanges à son adresse. Les courtisans, les sénateurs, les généraux s'unirent à leur empereur et tous, à l'envi, souscrivirent aux bonnes œuvres du saint homme. Ce fut vraiment un miracle de Dieu que ce changement général d'idées, que les cris d'enthousiasme, que les sentiments de vénération pour Césaire. Lui qui, la veille, était regardé comme un malfaiteur, se trouvait maintenant traité comme un apôtre et comblé d'honneurs[1].

Ce contraste est saisissant dans la lettre qu'Ennodins écrivait à Césaire : « Je ne m'étonne pas que les puissances de la terre se soient inclinées devant le plus noble Pontife ! Quand la pourpre des princes s'est-elle cru permis d'infliger l'affront au cilice ? La sainteté désarme les méchants. Était-il au palais un sommet si altier qui ne dût l'abaisser devant toi, un front capable de se raidir contre toi ? Tu es plus doux que la brebis, et tu te montres agressif seulement contre le péché[2] ».

Les ovations de Ravenne dédommagèrent le saint des humiliations passées, mais ce qui lui alla au cœur, ce furent les aumônes extraordinaires destinées aux captifs. Ceux-ci encombraient la place de la capitale, et ne demandaient qu'à regagner leur pays. Il y en avait beaucoup de Provence, d'Arles et d'Orange, emmenés comme un troupeau par le

1. Lib. I, cap. iii, 27.
2. *Ennod. ad Cæsarium, Mon. Ger. H.*

vainqueur qui les poussait devant lui. Le bonheur
du père, du métropolitain fut grand, lorsqu'il put
rapatrier tous les prisonniers provençaux. Il est
raconté qu'il allait lui-même assister au départ, et
se donnait la consolation d'examiner les chariots,
les montures, les provisions, afin de s'assurer qu'il
ne manquait rien [1].

Peut-on trouver quelque chose de plus touchant?
Doit-on s'étonner que, devant cette charité surhu-
maine, les guerriers les plus durs aient senti une
domination irrésistible? Dieu lui-même ne refusait
rien aux prières du saint.

Une pauvre veuve de Ravenne vint un jour le
voir [2]. Son fils unique, employé dans l'administration
militaire, était tombé subitement malade et gisait
inanimé. Quand tout espoir humain de guérison fut
perdu, elle courut chercher consolation auprès de
Césaire. N'écoutant que sa foi, elle s'étend à ses
pieds, sanglote, hurle, embrasse ses genoux et le con-
jure de rendre le fils à la mère. L'évêque s'excuse
d'abord, par humilité sans doute, mais pensant
qu'il serait cruel de dédaigner ces larmes et une foi
si grande, il résolut de louer Dieu en même temps
que faire un acte de charité. Il parvint en secret
dans la maisonnette du malade et, s'étant mis en
prière près du lit du mourant, il sentit, par un
mouvement de l'Esprit-Saint, qu'il était exaucé.
Aussitôt il sortit, laissant Messien, son notaire, pour
qu'il surveillât la situation et lui rendît compte de
la guérison. Bientôt le jeune homme ouvrit les yeux

---

1. « *Imposuit cum sumpto jumentis et plaustris in via, suorum-
que solatio et ordinatione fecit ad propria revocare.....* » Lib. I,
cap. III, 27.

2. Lib. I, cap. III, 28.

et, se tournant vers sa mère, lui dit : « Mère, allez vite remercier le serviteur de Dieu, car c'est à lui que je dois la vie et que vous devez votre fils ».

L'heureuse mère vola vers le saint et, avec ses larmes mieux que par ses paroles, lui exprima son bonheur : « C'est vous et Dieu, ajouta-t-elle, qui avez rendu mon fils à la lumière ; je vous le donne, gardez-le, emmenez-le avec vous en Gaule et qu'il ne vous quitte jamais ».

Ce miracle fit monter encore plus haut et répandit plus loin la renommée du saint. Tous voulaient le voir et lui rendre leurs dévotions.

Parmi ceux qui eurent recours à sa vertu, nous rencontrons un médecin, le diacre Elpidius. Le texte de la *Vita* nous apprend qu'il exerçait son art professionnel auprès de Théodoric. Très estimé au palais impérial, il semble qu'il eût dû vivre heureux dans l'intimité des grands du monde. Hé bien, non ; il était tourmenté par le démon et sa demeure ressemblait à un enfer. Césaire vint le voir, sanctifia ses appartements, les aspergea d'eau bénite et jamais plus rien d'extraordinaire ne s'y passa [1].

La gloire que s'était attirée l'homme de Dieu par son dévoûment, l'auréole de sainteté qui jaillissait de ses miracles, ne tardèrent pas à se communiquer jusqu'à Rome, où se tenait le Sénat. Jour par jour on y était mis au courant de ce qui se passait à Ravenne. Et le peuple, les sénateurs, les clercs, le Pape voulurent voir Césaire et le féliciter. Leur cœur l'aimait, mais ils souhaitaient satisfaire leurs regards. Césaire, cédant aux instances du Souverain Pontife et partageant sans doute lui-même ce désir,

1. Lib. I, cap. III, 29.

car il songeait aux intérêts de sa métropole, se dirigea vers la capitale du monde catholique. Ce voyage
devint pour son mérite l'occasion d'un triomphe
sans égal. Les sénateurs, les plus nobles matrones,
Symmaque le congratulent avec affection et l'entourent des marques d'une sympathie exceptionnel-
lement significative. Tous rendent grâces à Dieu et
au roi de ce qu'ils peuvent contempler celui que
leur cœur aimait tant. On devine à l'expression de
Cyprien, on sent à son style qu'il décrit avec complaisance cette phase de la vie de son maître. Il en
relève tout le côté glorieux et ne cesse de chercher,
de trouver les termes les plus agréables pour manifester sa joie au sujet d'une pareille vénération. Le
Pape rapproche Césaire de lui, en lui accordant l'insigne spécial réservé à sa fonction, par l'usage du
pallium. Il honore son église métropolitaine, il permet aux diacres de porter la dalmatique comme à
l'église de Rome, enfin il pare l'évêque de toutes les
dignités, de tous les privilèges souhaitables [1].

A cela, l'aristocratie politique et financière de la
Ville éternelle ajoute un riche fonds d'aumônes. Son
compagnon de voyage fixe un total de 8.000 sous,
somme énorme pour le temps [2].

Quand il rentre dans sa ville d'Arles, on lui réserve une réception royale. Rien ne manque à son
triomphe. Ce qu'il remarque le plus, ce n'est pas le
luxe des fonctionnaires ni l'empressement de la garnison, mais le cortège des humbles et des pauvres.
Il sait qu'il va les réjouir avec les sous d'or rapportés
de Ravenne et de Rome; les captifs présument aussi

1. Lib. I, cap. IV, 30.
2. *Ibidem*, 31.

qu'il va les racheter. C'est pourquoi des psalmodies sans fin, d'immenses clameurs, des vivats enthousiastes se font entendre dans les rues et sur les places publiques.

Césaire va s'agenouiller dans la basilique et les fidèles le suivent pour recevoir sa bénédiction. C'était le soir, continue le texte ancien, une femme prise de convulsions épileptiques tombe sur le pavé, où elle s'agite avec frénésie. On la relève et on l'apporte devant l'autel. Le saint se met en prière, selon son habitude, pose les mains sur la tête de la malade, fait des onctions sur tous les sens et le visage avec l'huile sainte. La guérison instantanée se produit : elle fut définitive[1].

Il va sans dire que la première sollicitude épiscopale, après ce retour en Arles, fut consacrée aux captifs. Il y en avait encore dans la ville, et tant qu'il en vit, Césaire fut ému et donna à pleines mains. Il est impossible de relater tout ce que sa géniale charité a inventé à cet égard[2]. Un jour qu'il n'avait plus un denier à distribuer, un miséreux l'interpella et le supplia de le secourir. « Que pourrais-je bien faire pour toi? lui dit-il. Je n'ai plus ni or ni argent, mais ce que j'ai, je vais te le donner, attends-moi. » Et il entra dans sa chambre, prit la chasuble qu'il mettait aux jours des solennités et des processions, l'aube des fêtes de Pâques, et les porta tout joyeux à son pauvre, en disant : Tiens, vends cela à quelque clerc, et de ce prix opère ta rédemption. »

L'Église avait donné à l'esclave une âme et Césaire se souvenait de ces paroles : « L'esclave vaut peut-

1. « *Nequaquam deinceps repetiit mulierem depulsa in nomine Christi calamitas.* » Lib. I, cap. iv, 31.
2. Lib. I, cap. iv, 32.

être mieux que l'homme libre ». Aussi il fut un des
grands adversaires de la marchandise humaine con-
sidérée comme butin dans le trafic de la victoire.
Améliorer le sort des prisonniers, surtout rendre la
liberté à l'homme vaincu par le sort des armes, devint une passion et une dévotion pour notre saint.
C'est là une des faces peu connues de l'évêque d'Arles
et qu'il convient de mettre en relief. Elle témoigne
d'un sentiment d'humanité qui suscitera partout et
toujours l'admiration. La loi civile n'existait pas
pour l'esclave ; son seul juge était son maître, en
pleine période burgonde et franque, ainsi que l'écrit
excellemment M. Prou, de l'Institut, dans son livre
de *La Gaule mérovingienne*. En lisant son chapitre
sur les droits des maîtres vis-à-vis de l'esclave, sur
la fonction d'esclave, on comprend la profondeur,
l'étendue, les souffrances de cette calamité. On aime
ainsi davantage Césaire de s'être consacré à l'œuvre
de l'abolition de la servitude.

Il partait cet homme de Dieu, ce passionné pour
l'égalité de la race humaine, et il allait mendier pour
les esclaves et pour leur liberté. Plusieurs villes de la
Gaule eurent sa visite et quantité de cathédrales en-
tendirent ses vibrants appels de pitié. Il est juste de
mentionner à cette place Carcassonne, qui se montra
généreuse et ouvrit largement sa bourse, lorsque
Césaire y vint quêter pour la rédemption des captifs[1].

Un dernier trait sur cette question sociale carac-
térisera encore plus parfaitement le respect du saint
pour la personnalité humaine. Retenu au siège de
son administration métropolitaine, et ne pouvant
chaque fois qu'il le désirait prendre le bâton de pè-

---

1. Lib. I, cap. IV, 32. « *Carcassonam profectus est civitatem...* »

lerin pour aller à la recherche de ressources, il appela des clercs, des diacres, des abbés pieux autant que dévoués, et il leur donna la mission de le remplacer dans cette œuvre. Et, souvent, dans des cités diverses, disent les précieux biographes, contemporains de ces faits, on vit ces missionnaires de la rédemption des captifs demander l'aumône au nom de Césaire et prêcher en faveur de l'affranchissement. C'est à leur arrivée en Arles, alors qu'ils portaient dans leur ceinture des triens et des sous d'or en abondance qu'il fallait voir la physionomie rayonnante du pasteur! Elle ressemblait, sans doute, à celle du Maître qui courait après la brebis perdue et, l'ayant trouvée, la ramenait au bercail, le cœur tout gonflé de joie.

# CHAPITRE VI

## LE CONCILE D'AGDE (5o6).

Entre l'exil à Bordeaux et le voyage en Italie que nous venons de décrire, doit se placer le concile d'Agde. Il eut lieu le 11 septembre 5o6, sous le consulat de Messala, la huitième année du pontificat de Symmaque[1].

Agde était une colonie marseillaise. Son nom grec d'Agatha fait penser à la vaillance guerrière. Ils étaient donc braves aux multiples combats de la vie, ses nobles et fiers habitants. Marseille, de bonne heure, avait semé sur les côtes avoisinantes de sa mer bleue des villes et des *emporiæ*. Au golfe de Ceyreste, c'était Tauroentum ; en face des îles d'or, la belle Olbia ; plus loin, Antipolis et la Nice victorieuse. Sur le cordon du Rhône et du Languedoc, nous saluons les ruines massaliotes de Saint-Gervais, près de Fos, Maguelone sur les étangs riverains du Lez, enfin Agde à l'embouchure de l'Arauris, aujourd'hui « l'Hérault ».

Les Romains qualifièrent la ville gréco-massalienne

1. *Ex titulo concilii Agath.*

du titre de *civitas*, bordèrent l'Arauris de quais so-
lides et, facilitant l'entrée des navires au port, situé
alors à un mille environ de la mer [1], multiplièrent les
relations avec les métropoles maritimes. Il y avait,
sans doute, à la *civitas* d'Agde plusieurs de ces monuments publics que Rome prodiguait aux territoires conquis. S'il n'en reste rien de nos jours, la faute en est
aux Barbares d'Europe et d'Afrique. Du temps de Césaire, elle devait prospérer avec son évêque et une édi-
lité clairvoyante. On s'est demandé pourquoi cette ville
fut choisie plutôt qu'une autre. D'abord sa position
intermédiaire entre les pays arlésien et aquitain favorisait le voyage ; le chemin d'Italie en Espagne et
de Bordeaux en Narbonnaise comportait ce tracé. Et
puis, dans une ville tranquille, un peu à l'écart des
grands centres, les Pères se trouveraient à l'abri de
la surveillance des ariens [2]. Vu le but du concile,
qui devait avoir un aspect national et représenter le
royaume visigothique, Agde était donc excellemment
choisie.

A côté de ces considérations humaines, les raisons spirituelles valent peut-être ici pour quelque
chose. Plusieurs saints ou martyrs avaient illustré la
ville d'Agde. Un monastère fondé par saint Sever,
et comprenant plus de 3oo religieux, s'abritait autour de la basilique-cathédrale de Saint-André [3].

1. *Histoire de la ville d'Agde*, par B. Jordan. — *Agde, son
origine*, par Robin. — *Notice archéologique sur l'église Saint-
Étienne d'Agde*, par Martin.
2. Malnory, *Saint Césaire*, p. 67.
3. *Mémoires de la Société archéologique de Montpellier*, 1854.
Eug. Thomas. — *Le Concile d'Agde, à propos du XIVe centenaire*,
par l'abbé M. Granier.
Le monastère de Saint-André passa à l'abbaye de Saint-
Victor de Marseille, et quantité de chartes du haut moyen

Tout cela fit joie à Césaire et le confirma dans sa décision.

Vers le grand ciel bleu, au pied de la montagne volcanique de Saint-Loup, en avant des vignobles bordés d'azalées sauvages, se dirigent les courriers épiscopaux. Certes, plusieurs ont quitté des sites splendides, des plateaux opulents, mais Agde, enveloppée dans sa couleur de lave, resplendit d'une beauté toute spéciale. Dans le nord, cette teinte basaltée serait mortellement triste, tandis que dans la pleine lumière, où pas un caillou ne perd ses droits, les bouches de l'Hérault ont des nuances d'un charme infini. Les moindres plans de ce lieu ont une valeur et ces grandes étendues ensablées cachent de douces émotions.

L'Église et l'Empire s'étaient rendu compte de l'utilité des conciles pour y résoudre des questions sociales, disciplinaires et dogmatiques. Après l'invasion des Barbares, les provinces de la Gaule furent quelque temps dans le désarroi. Mais bientôt Visigoths, Burgondes, Francs s'occupèrent de codifier la législation gallo-romaine au point de vue temporel. Gondebaud donna des gages à ses sujets par la publication de leur droit et Alaric fit élaborer le Bréviaire d'*Anianus*. Ce code des lois visigothes est empreint d'un profond esprit de conciliation. Les collaborateurs de cette œuvre s'inspirèrent du besoin des églises et soumirent leur texte à l'approbation

age nous renseignent sur sa destinée. Cart. S.-V. n⁰ˢ 641, 808, 843, 844, 848, 1118, 1131. Calixte III donna Saint-André au *Studium* de Saint-Benoît et de Saint-Germain de Montpellier, dont nous avons parlé en notre vie d'Urbain V. Plus tard, le Chapitre de Montpellier en hérita. Enfin, il fut transformé en séminaire. Son église, devenue quelque temps paroissiale, est aujourd'hui une dépendance de Saint-Etienne.

aussi bien de l'ordre sénatorial que de l'épiscopat.

Le Bréviaire d'*Anianus* ou d'Alaric parut dans l'hiver de 5o5-5o6 et ses prescriptions bienfaisantes préparèrent admirablement le concile d'Agde. On sentait, on voyait dans l'atmosphère politique une détente et un changement qui invitait à un travail de rénovation.

Les rois de la Gaule s'étant arrogé la prérogative de convoquer ou d'autoriser la réunion des assemblées épiscopales, Césaire, saisissant les bonnes dispositions personnelles d'Alaric, demanda et obtint la permission de tenir un concile national.

A Rome, on se réjouit de cet événement, car les Papes ont toujours désiré « ces assises présidées par Jésus-Christ où on corrige les abus, en inspirant le respect aux saints et la crainte aux méchants [1] ».

Le concile d'Agde a un caractère universel, il valide, en quelque sorte, certains décrets africains, sert de transition entre l'église gallo-romaine et la gallo-franque, et ouvre la période mérovingienne. Pour ces raisons, comme pour les rapports avec les précédents conciles de la Gaule et l'importance de ses délibérations, son étude est profitable au premier chef. L'histoire de nos institutions ecclésiastiques, la géographie du royaume visigoth, les relations d'Alaric avec l'épicopat, la science du droit canon, tout se trouve éclairé par les statuts qui vont faire l'objet de notre examen.

Mais, auparavant, il est à propos de connaître le

---

1. Le Pape Hilaire à Léonce d'Arles. Ce Pape confia à son vicaire d'Arles le soin d'appeler ses collègues tous les ans en concile, à l'époque et au lieu qui lui conviendront. *Gallia christiana novissima* (p. 4o. Arles), par le chanoine Ulysse Chevalier.

nom de ceux qui se rendirent à la convocation de Césaire. Trente-quatre évêques ont répondu de tous les points du royaume : vingt-quatre sont venus en personne et dix ont envoyé leurs délégués. Les six provinces ecclésiastiques comprises dans les États d'Alaric se trouvent représentées, leurs métropolitains en tête. Quatre de ces derniers sont présents personnellement. Ce sont, outre Césaire qui préside, Cyprien de Bordeaux, Tétrade de Bourges, Clair d'Eauze (Novempopulanie). Le premier, qui avait vu et apprécié Césaire dans son tout récent exil, signe après lui dans les actes. Il a dû collaborer très activement avec son chef hiérarchique et donne largement la mesure de son influence et de ses capacités. Chianope de Périgueux se rencontre parmi les dignitaires, mais son siège et celui de Bordeaux sont les seuls de l'Aquitaine II qui soient représentés. Il manque Agen, Saintes, Angoulême, Poitiers. C'est beaucoup d'abstentions pour une province, dirons-nous avec M. Malnory [1]. On n'ose parler de négligence ou de vacance presque générale. La politique doit avoir une large part dans ce fait. En ce qui touche Poitiers, nul n'ignore qu'on n'y était pas loin des frontières du royaume franc et que Clovis favorisait les évêques pour les gagner à sa cause. Quoi d'étonnant que l'ombrageux Alaric ait exilé le pasteur, même sur un simple soupçon, comme il le faisait souvent? Opprimer, bannir pour mettre hors d'état de nuire, n'était-ce pas humain? Ne perdons pas de vue aussi que Poitiers va devenir, quelques mois après, le célèbre champ de bataille entre les deux rivaux [2]. Grégoire, l'historien des Francs,

1. *Saint Césaire d'Arles*, p. 67.
2. Bataille de Vouillé, 507.

affirme, d'ailleurs sans réticence, que les catholiques de Poitiers avaient une singulière aversion pour la domination visigothe.

De la Novempopulanie sont présents dix évêques sur douze [1] et un délégué, celui de la *civitas Turba*, que Longnon a identifiée avec Cieutat, près de Bagnères de Bigorre. Les Béarnais se montrèrent véritablement zélés pour la foi catholique et même un des Pères du Concile, Galactoire, évêque de Benarna, reçut peu après la palme du martyre des mains des Visigoths. Il faut ajouter que ce fut en conduisant une armée de compatriotes au secours des Francs. Clair, d'Eauze, pouvait être fier de ses suffragants : ils étaient le nombre et représentaient la vaillance.

La première Narbonnaise renfermait sept sièges. Béziers seul n'est mentionné par aucune signature. Probablement il était privé d'évêque, car pourrait-on comprendre une abstention totale, sans délégué, à une distance si rapprochée du lieu du concile ? Le métropolitain Capraire ne parut pas, mais il y envoya un délégué prêtre du nom d'Avilius. On a cherché la raison de cette conduite, vu la proximité de Narbonne. Peut-être y eut-il susceptibilité trop grande, et le vénérable dignitaire ne put-il se résigner à voir dans sa propre province l'évêque d'Arles présider une assemblée épiscopale si importante.

Héraclian de Toulouse, l'évêque de Palatio (?), nommé Pierre, Sédat de Nimes, Materne de Lodève, Probatius d'Uzès se groupent autour de Sophronius d'Agde.

Dans l'Aquitaine I, sur huit cités [2], six sont re-

---

1. *Notitia provinciarum*, Novempopulana, n° XII.
2. *Ibid.*, Aquitan. I, n° VIII.

présentées. Trois évêques suivirent leur métropolitain, savoir Quintianus de Rodez, Gabin d'Albi, Boèce
de Cahors. Clermont délégua le prêtre Paulin et
Mende le diacre Optime. Il est certain qu'en cette
province on tenait à Alaric. M. Malnory, toujours si
bien documenté, affirme que toute hypothèse sur ces
abstentions épiscopales devra tenir compte de la
sympathie populaire pour le régime visigothique [1].

Rurice de Limoges se dispensa de l'assistance au
concile. Son âge l'excusait. Néanmoins un échange de
lettres assez piquantes se fit à ce propos entre le
vénérable évêque Sédat de Nimes, son ami, et Césaire [2]. On y voit d'une part un esprit très pétillant
et, d'autre part, une respectueuse affection. Le vicaire pontifical d'Arles conservait de sa rencontre à
Bordeaux le meilleur souvenir.

La métropole de Tours apporta aux Pères d'Agde
une grande consolation. Son titulaire, Vérus, étant
en disgrâce, ne put assister au concile, mais il envoya le diacre Léon. Lui-même se rapprocha le plus
possible du voisinage, suivit par correspondance les
phases des séances et, après le concile, eut une entre-
vue avec Césaire. Tours, fière d'avoir possédé des
hommes d'une vertu éminente, exerçait un prestige
incomparable sur les bords de la Loire. L'âme du
grand saint Martin planait sur les pays du centre et
suscitait un courant d'institutions disciplinaires d'une
rare fécondité. Ce qui arriva de Tours fut assurément reçu et examiné avec la plus vive attention. On
mélangea certains canons de la Loire à ceux du Rhône
pour le plus grand progrès de la vie catholique.

1. M. Malnory, *Césaire d'Arles*, ch. IV, p. 69.
2. *Patr.*, t. LVIII.

Mais la discipline arlésienne fut, sans conteste, supérieure à toutes les autres. Son inspiration venait moins d'elle-même que d'au delà des monts. En contact continuel avec l'Italie, dont elle était comme le prolongement, elle se tint à la hauteur des idées de Rome. Quelle église de la Gaule pouvait donc se dire comme celle d'Arles la fille privilégiée du Souverain Pontife? Elle seule n'était pas isolée ni bloquée par les Barbares. Par voie de terre ou de mer, la fille pouvait toujours communiquer avec la mère. Aussi sa législation canonique accuse un cachet tout romain.

Il reste à parler des signatures de la province d'Arles. On pourrait croire qu'ici les souscriptions vont être générales. Il n'en est rien. La représentation est, au contraire, la plus faible. Après Césaire et le délégué de Julien, évêque d'Avignon, nous trouvons Digne, Antibes et Senez. Victorin, évêque de Fréjus, a délégué le prêtre Jean. Huit sièges manquent, savoir : Aix, Marseille, Toulon, Riez, Vence, Glandevès, Nice et Cimiez.

Tant d'abstentions ne semblent pas pouvoir être légitimement excusées. Elles sont plutôt le fait d'un parti pris, que des vacances de sièges ou de maladies. Il arrive souvent que, aux nobles âmes, travaillées des plus purs désirs du bien, la basse jalousie crée des méfiances et fait naître des oppositions. Aix, nous le savons, montrait un mauvais vouloir systématique [1] et Marseille gardait une vieille rancune [2]. Quant aux autres, ont-ils suivi le mouvement par

1. Plainte adressée par Césaire à Symmaque. *Patrol. lat.*, t. LXII. — Sirmundus, p. 187.
2. Duchesne, *Fastes épiscopaux*, t. I.

entraînement ou bien étaient-ils froissés du déploie-
ment d'énergie de leur jeune métropolitain ?

Quoi qu'il en soit, Césaire ne se laissa pas décon-
certer. Il formula contre les abstentionnistes volon-
taires le canon 35, ainsi conçu : « Les évêques ne
répondant pas aux lettres de convocation seront
suspendus de la communion de leurs collègues jusqu'au prochain synode, à moins qu'ils n'aient été
empêchés par leur santé ou par ordre royal ».

Maintenant que nous connaissons la cité, le personnel, les représentants ecclésiastiques du royaume
visigoth qui répondirent à l'appel de Césaire, péné-
trons dans le concile. Il se tint dans la basilique de
Saint-André, où l'évêque Sophronius avait tout mis
en ordre pour la cérémonie.

Le président ouvre la session en souhaitant la
bienvenue aux honorables Pères, et adresse l'expression de sa gratitude au prince qui leur rendait la
liberté. Tous tombèrent à genoux en priant Dieu
pour le roi et le bonheur de ses États. Dans le préam-
bule des actes, Césaire qualifie Alaric de roi très
pieux ; il se sert même de termes qui dénotent les
relations les plus pacifiques entre l'Église et le pouvoir civil. On ne pouvait mieux déclarer l'entente
cordiale que ne l'a fait Césaire. Sûrement on ne pen-
serait pas qu'il parle à des ariens, tant la conciliation
paraît sincère.

Un point capital du concile sera de se compéné-
trer des « statuts antiques » en conformant sur eux
la discipline contemporaine. Là-dessus le président
a un rôle de toute importance à remplir, mais il
y est bien préparé. Son caractère, ses études, sa
conviction, tout transpire dans l'œuvre que nous
allons fouiller. Il avait déjà réuni en faisceau les

textes de l'ancienne discipline de l'Église : *Statuta Ecclesiæ antiqua* [1]. Aujourd'hui il apporte encore à ses collaborateurs les décrétales, les canons, les coutumes des évêques de Rome. De ces deux sources de documents, qui sont familiers à l'esprit de Césaire et que les Pères lisent avec soin, on élabore un monument extrêmement précieux pour la théologie et le droit canonique [2].

Mais abordons sans plus tarder le programme. A chaque page nous remarquerons l'âme et l'inspiration, la touche et l'expression, la formule, l'organisation et la signature de Césaire. C'est dire que le concile d'Agde est son concile, comme le dit si justement M. Malnory [3]. Donc avant toutes choses le concile veut traiter : 1º de la discipline du clergé et des conditions d'ordination; 2º du temporel des Églises [4].

Le premier canon regarde la continence des clercs, et là-dessus roule une bonne partie des délibérations conciliaires. Cette question de la profession du célibat requis pour les évêques, les prêtres, les diacres n'était pas nouvelle dans l'Église, et les Papes l'avaient résolue depuis longtemps. En grand honneur d'abord, elle devint plus tard une obligation. A l'assemblée d'Agde appartient l'initiative d'assurer l'accomplissement général d'un précepte.

---

1. Cf. chapitre iv. En comparant les canons d'Agde et les *Statuta Ecclesiæ antiqua*, on trouve que les seconds sont la réalisation des premiers.

2. « *Imprimis placuit ut canones et statuta Patrum per ordinem legerentur.* » Conc. Ag., c. 1.

3. *Saint Césaire d'Arles*, p. 71.

4. « *De disciplina et ordinationibus clericorum atque pontificum vel de Ecclesiarum utilitatibus tractaturi.* » Præfatio concilii Agath.

SAINT CÉSAIRE.

Sans doute, la province d'Arles était privilégiée sous
ce rapport. Elle devait cet avantage à ses relations
avec Rome et au contact de monastères d'une sévérité de mœurs éclatantes. Mais il n'en était pas de
même dans l'Aquitaine et d'autres régions de la
Gaule. Les historiens de cette période nous dépei-
guent le relâchement des mœurs et les habitudes du
clergé sous un jour bien contraire à la volonté de
l'Église. Qui n'a lu avec stupéfaction les plaintes, les
reproches acerbes, les faits précis d'un Salvien et
d'un Sulpice Sévère, de Grégoire de Tours et d'Hilaire sur le penchant des hommes d'alors pour la
luxure? L'atmosphère barbare où l'on vivait, la con-
séquence de la chute de l'empire, les révolutions
politiques par lesquelles passa le pays, l'occupation
arienne, un mauvais choix de vocations soit pour
l'épiscopat soit pour le clergé, voilà ce qui avait
amené la déchéance morale. Les prêtres persécutés,
les évêques vivant dans l'isolement, la science bannie,
comment la nature n'aurait-elle pas entamé les conquêtes de la grâce?

Ce que M. Allard nous dit si bien dans la vie de
Sidoine Apollinaire [1], existait du temps de notre
concile. Plusieurs chefs de diocèse, hommes du
monde promus à l'épiscopat pendant leur mariage,
sans formation sacerdotale, pouvaient-ils imposer à
leurs coopérateurs ce qu'ils ne pratiquaient pas eux-
mêmes? D'ailleurs, étaient-ils suffisamment éclairés
sur l'obligation de la loi et leur culpabilité? Et dans
ces conditions avaient-ils l'autorité pour dominer
leur troupeau et le conduire dans les sentiers d'une
virile réformation? Pouvaient-ils parler haut, comme

---

1. *Saint Sidoine Apollinaire*, chap. v.

Hilaire d'Arles[1] faisant statuer l'engagement de chasteté perpétuelle pour les candidats aux ordres sacrés?

On peut être persuadé que la continence cléricale rencontrait de l'opposition en Gaule au temps de Césaire. En prêtant attention à certains textes du concile et en examinant le soin avec lequel sont composés les canons, on sent que la résistance n'était point partout vaincue. L'ampleur aussi qui est donnée aux commentaires de quelques décisions suppose le désir et une nécessité de lumière conspirant vers un but extrêmement grave.

Parmi les 48 canons d'Agde, citons-en quelques-uns des plus intéressants tirés de l'édition Jacques Sirmond[2].

Après avoir déclaré « que les diacres et les prêtres sont astreints à la continence », Césaire ajoute les autorités fixant le droit. Le Pape Innocent, dans sa décrétale à Exupère, évêque de Toulouse; Sirice dans sa lettre à Himère, évêque de Tarragone, ordonnent que les incontinents soient privés de tout honneur ecclésiastique et exclus du saint ministère. Cependant il y a l'excuse de l'ignorance dans le cas où la règle de l'Église ne serait point parvenue[3]. On fit de même à Agde. Pour le passé, on fut miséricordieux, réservant la dégradation aux délinquants formellement avertis.

L'indulgence jointe à la sévérité étant la seule sanction possible du présent, il fallait surtout supprimer l'excuse de l'ignorance aux jeunes recrues de

1. « *Ut deinceps non ordinentur diacones conjugati.* » Concil. Araus. I, c. 22.
2. Sirmundus, *Concilia antiqua Galliæ*, Lutetiæ, 1629.
3. Can. 9.

l'avenir. Dans cette intention, Césaire rédigea ainsi
son canon 16 : « L'évêque ne pourra admettre au
diaconat avant l'âge de vingt-cinq ans. Si le diacre
est marié, son évêque exigera qu'il promette la continence, ainsi que son épouse ».

Par le 39ᵉ canon, « il est défendu aux sous-dia-
cres de contracter mariage comme aux prêtres et
diacres, leurs confrères en ordre supérieur. Au surplus, tous doivent éviter les repas des noces et la
compagnie bruyante des jeunes mariés. On y chante
des chansons d'amour, on y tient des conversations
légères, on y assiste à des actions inconvenantes,
on y voit des danses lascives : rien n'est plus contraire à la sainteté des ecclésiastiques ».

On a loué Césaire d'avoir habilement jeté un regard sur l'avenir, en pensant aux clercs. Le contrat
d'ordination du passé pouvait être confus pour un
grand nombre ; mais désormais il y aura de la clarté,
avec les prescriptions d'Agde, sur les habitudes à
imposer aux sens. En vérité, les précautions prises
et les promesses exigées sont des actes de loyauté et
de justice.

La notion du devoir étant remise en pleine lumière, le concile fait converger autour du principe
de la chasteté les dispositions de détail capables de
le fortifier.

Et d'abord, l'âge des ordinands au sacerdoce était
trente ans. Il y avait là une garantie sérieuse de vocation et de persévérance. Aucun métropolitain ne
pouvait violer cette volonté dans son diocèse ni permettre qu'elle fût inobservée dans la province [1].

Ces règles sont à comparer avec celles d'aujour-

---

1. Can. 17.

d'hui. Le sacerdoce peut être conféré à un âge inférieur, mais il y a compensation dans la longue épreuve des petits et des grands séminaires.

Quand les clercs avaient reçu un emploi dans le ministère, il ne leur était pas loisible de prendre chez eux des femmes étrangères à leur famille. Le canon 10 exclut de leur habitation les personnes du sexe autres que la mère, la sœur, la fille, la nièce. La bonne réputation demande aussi qu'on omette les visites de consolation ou de familiarité. Dans les celliers de l'église, pour affaire d'aumônes, il pouvait y avoir des rencontres avec des servantes du dehors, de même dans les sacristies avec les femmes en quête de conversations pieuses. Le canon 11 appelle sur ces points la plus grande vigilance.

« Par-dessus toutes choses, dit le canon 41, les clercs doivent éviter l'ébriété, source et nourricière de beaucoup de vices. Si quelqu'un est pris sur le fait, nous voulons qu'il soit privé de la communion durant trente jours, ou qu'il soit puni d'une peine corporelle. »

« La barbe et les cheveux seront coupés courts. Au cas où l'on ne se conformerait point à cet ordre, l'archidiacre userait de force contre les récalcitrants[1]. »

Césaire blâme vertement les clercs qui, imitant les païens, s'adonnent aux augures et, sous le couvert religieux, font des prédictions : le canon 42 met ces personnes ignorantes en dehors de l'Église.

Une question longuement discutée au concile fut celle de la juridiction épiscopale. Aux évêques appartient le devoir de corriger les clercs. Les contumaces doivent être rayés de la matricule jusqu'à ce

---

1. Can. 20.

qu'ils se convertissent[1], mais par ailleurs, il ne faut
pas une sévérité excessive.

« S'il arrive à quelque évêque d'oublier la modération qui lui sied et d'excommunier un clerc innocent ou légèrement coupable, ou bien de repous-
ser celui qui implore sa grâce, les évêques du voisinage voudront bien intervenir et ne pas refuser
leur communion à la victime jusqu'au prochain
synode[2]. »

Voilà une décision qui fait le plus grand honneur aux Pères du concile. Prêcher la mansuétude
aux dignitaires, restreindre les abus de pouvoir,
les abolir même, n'est-ce pas que cela soulage l'observateur? On a tant crié contre la tyrannie des
chefs de diocèse et l'usage inconsidéré, à travers les
siècles, de l'excommunication que ce canon si humain prend une importance extrême au point de vue
historique. Le prêtre, le fidèle sait par lui qu'il
existe un recours contre les arrêts injustes. Il pourra
parler, avoir un débat contradictoire, se défendre
devant un synode. Et si, par hasard, il vient à mourir dans l'intervalle, la sentence sans miséricorde du
juge terrestre ne prévaudra pas contre lui au jugement de Dieu. Césaire ajoute, en effet, dans le
même canon : « Au cas où le recours serait refusé, le
péché retomberait tout entier sur celui qui a porté
l'excommunication ».

Il semble qu'à méditer ce texte et à peser chaque
mot, on transperce l'âme même du président du
concile. En faisant sa rédaction, un peu embrouillée,
il avait vraisemblablement de l'inquiétude. Tout en

1. Can. 2.
2. Can. 3.

ménageant ses collègues peut-être visés, il n'en proclame pas moins la loi de l'immunité des consciences et montre son profond respect de la dignité chrétienne. Cet exemple mémorable trahit une haute rectitude d'intelligence et une touchante bonté de cœur.

Mais, si Césaire accordait toute garantie aux clercs dans la juridiction ecclésiastique, il ne voulait pas les voir recourir aux tribunaux civils. Là-dessus il se conforme aux privilèges que le Bréviaire d'Alaric lui accordait, sans les étendre. Une réconciliation entre l'Église et le roi des Visigoths avait amené ce bon résultat de laisser les personnes ecclésiastiques libres des compétences judiciaires.

Le canon 32 du concile en profite pour interdire aux clercs de citer qui que ce soit devant un juge séculier, sans la permission de l'évêque. Si par hasard un laïque se fait accusateur, on ne l'empêchera pas de suivre son dessein ; mais, à la sortie du tribunal, le clerc ou l'église calomniés seront vengés. La pénitence publique et l'excommunication atteindrout le coupable pour sa mauvaise conduite.

Toute action criminelle est défendue par l'Église, qui témoigne par là de l'horreur du sang.

Enfin le clerc convaincu de fautes ne peut chercher refuge auprès des laïcs. S'il le fait, s'il en appelle du jugement ecclésiastique au jugement séculier, il subira l'effet de l'excommunication[1]. La loi civile, d'ailleurs, reconnaissait l'inviolabilité des sentences de l'Église et ceux qui accueillaient les appelants étaient eux-mêmes chassés de la communion. La faveur était connue au vi$^e$ siècle et il est même

---

1. Can. 8.

curieux de voir comment le texte du 23ᵉ canon est reproduit à travers les âges :

« L'évêque conférera les dignités au mérite et ne fera pas avancer un clerc au détriment des autres. »

« On n'ordonnera pas un évêque avant l'âge de trente ans[1]. »

La discrétion du concile éclate dans la partie relative à l'épiscopat, de même que la sagesse est manifeste dans la question précédente des ministres inférieurs. Partout c'est une sérénité et une ampleur de gestes qui dénotent les plus beaux caractères et des âmes très loyales. Nous allons voir un nouvel exemple de cette supériorité de vues dans les délibérations afférentes aux biens d'Église.

Sur les populations modestes, comme sur l'aristocratie la plus opulente, les évêques avaient pris un ascendant considérable. Ils étaient devenus les véritables chefs des cités gallo-romaines : autour d'eux se groupaient, selon le mot de M. Prou, toutes les institutions dans leur intégralité[2]. Du fait de son autorité morale, l'Église vit augmenter son pouvoir matériel, ses richesses territoriales s'étendre, partout son rôle social grandir. A la formation de ce patrimoine avaient concouru non seulement les princes chrétiens et les moines, les sénateurs et le clergé, mais le pays tout entier.

Pour administrer de pareilles richesses et les accroître, des règles étaient nécessaires. C'est ce que firent les conciles. Celui d'Agde s'en occupa dans une large mesure.

Il veut que les évêques laissent leurs biens à leur

1. Can. 17.
2. *La Gaule mérovingienne*, chap. v.

église. Ceux qui ne le font pas, à moins de raisons
légitimes, auront leurs comptes livrés à la discussion
des trésoriers ecclésiastiques. Les dépenses faites par
eux, de leur vivant, seront contrôlées et l'on s'assu-
rera des dédommagements pour la caisse diocé-
saine [1]. Malheur à celui qui ne se crée aucun titre à
la reconnaissance.

Avec les dispositions des lois successorales en vigueur à cette époque, l'Église devenait héritière de
la plus grosse part de la fortune des clercs. Étaient-
ils sans enfants? C'est elle qui remplaçait la famille,
s'il n'y avait pas de testament. Avaient-ils des fils?
Elle conservait l'avantage d'une part immédiate et
l'espoir d'une vocation qui lui remettrait le restant.
Que d'exemples de ce genre sur les sièges de Vienne,
de Lyon, de Clermont!

Des clercs avaient la garde des archives épiscopales. Sur les propriétés ecclésiastiques les documents s'entassaient, car les libéralités étaient immenses. Il paraît que des héritiers avares et sans
conscience essayaient de soustraire les pièces aux
dépôts diocésains. Quelquefois ils y parvenaient par
des vols, mais il arrivait aussi que les archivistes, par
complaisance ou complicité, livraient les titres de
propriété. Ces trahisons sont réprimées de deux manières. D'abord, les clercs infidèles sont privés de
la communion et obligés de réparer, de leurs biens
propres, le dommage commis [2]. Semblable peine atteint
les recéleurs qui profitaient du vol. Ensuite le gouvernement ne permettait jamais une pareille fuite et
les coupables recevaient la punition de leurs fautes.

1. Can. 33.
2. Can. 26.

Ce n'était pas assez de mettre en garde l'Église contre les usurpations du dehors et profiter des édits royaux favorisant la concession des biens ; le concile invite le clergé à faire héritière directe sa famille spirituelle. Il importait davantage d'assurer une bonne administration des fonds. Pour cela, il était urgent que l'évêque et les clercs qui vivaient de ce fonds le conservassent sans le dissiper ni l'amoindrir. Comme on n'avait pas alors l'usage de faire fructifier l'argent et que thésauriser, c'était affamer les pauvres, la propriété ecclésiastique consistait en terres et en immeubles, sans compter les esclaves. Tout cela rendit plus faciles les moyens de prohiber l'aliénation.

Césaire, n'ignorant pas qu'il y avait des prodigues dans l'Église, y mit un frein par les canons que voici :

« L'évêque est non le propriétaire, mais l'administrateur des biens qui sont offerts, car ce n'est pas à lui qu'on donne[1].

« Il ne peut vendre ni maisons, ni domaines, ni esclaves, ni vases sacrés, ni quoi que ce soit dont vivent les pauvres, excepté le cas de nécessité ou de grande utilité. Mais alors il devra se munir du consentement de ses deux ou trois collègues les plus voisins[2]. »

Ce dernier point demande un petit commentaire. En Arles, le chef du diocèse avait la faculté de faire des contrats après avoir demandé l'avis de son conseil ; à Rome, aucun membre du clergé ne pouvait distraire quoi que ce soit du domaine confié à sa gestion ; en Afrique, on exigeait la signature des évêques de la province. Les Pères d'Agde, en adoptant un texte

1. Can. 6.
2. Can. 7.

mitigé, s'orientèrent vers un progrès sensible de défense et assujettirent leurs actes à une procédure capahle d'arrêter beaucoup de fautes.

La prohibition de vente, votée par le concile, s'étendait encore à l'usufruit : *vel in usufructu.* Ce genre de concession offrait des désagréments, et ceux qui le tenaient essayaient trop souvent de se considérer peu à peu comme les maîtres. Voilà pourquoi l'Église préféra à l'usufruit perpétuel un contrat à courte échéance afin de mieux rappeler ses droits.

Un autre complément de ce même canon vise les serfs. L'Église qui, devant la société, présentait leur affranchissement comme un acte agréable au ciel, ne manquait pas de délivrer les meilleurs d'entre eux, les plus recommandables par les services rendus. Césaire permit donc aux évêques d'affranchir certains esclaves méritants et de leur donner comme récompense une terre ou une vigne et une maison. Que serait, en effet, la liberté, sans un gîte ni un morceau de terrain ? La valeur du capital ainsi donné pourra aller jusqu'à vingt sous d'or.

Chose digne de remarque, quand le concile insiste sur les faibles et les pauvres, il les regarde véritablement comme ses préférés. Ce n'est pas en vain et par pure forme que le patrimoine ecclésiastique était appelé leur bien.

Le canon 4 flagelle ceux qui retiennent les donations faites à Dieu et n'exécutent pas les legs testamentaires ; puis, stigmatisant ces mauvais disciples du Christ, il les traite d'assassins des pauvres (*necatores pauperum*) et les excommunie.

Il est superflu de noter que les prohibitions faites aux évêques, en matière de temporel, s'étendent aux pasteurs des paroisses. Pour ces derniers, ils n'ont

aucun droit de vendre les terres qu'ils administrent.
Comment l'auraient-ils, alors que leurs chefs ne le possèdent qu'avec l'approbation de dignitaires coprovinciaux? S'ils viennent à disposer de quelque chose,
le contrat est nul et, de plus, ils encourent l'excommunication [1].

Les canons 2 et 5 condamnent à la « communion pérégrine » les clercs convaincus de vol et de
négligence dans le service professionnel. Cette *com-
munio peregrina* réduisait le clerc coupable à la
condition des étrangers.

Nous avons vu la série des peines infligées aux
ecclésiastiques, depuis l'excommunication jusqu'à la
pénitence publique. Il est clair qu'un certain nombre d'entre elles ne pouvaient être appliquées sans
l'intervention du bras séculier. Ce concours ne fut
pas refusé. Alaric montra sa déférence pour les Pères
du concile et Césaire s'étudia à faire mettre les canons d'accord avec les lois de l'État. Il y réussit si
bien que plusieurs semblent des extraits du Bréviaire.
Ce que les Pères disent des enfants trouvés [2] et de
l'imposition du voile aux vierges consacrées à Dieu,
se trouve dans la législation civile.

En même temps que de la réforme du clergé, le
concile s'occupa de la discipline monastique [3]. On con-
naîtrait mal Césaire, si on ne discernait sans hésitation
sa touche caractéristique dans les textes qui suivent :

---

1. Can. 22.
2. Can. 24. Renouvelé de Vaison et prescrivant que le diacre
du haut de l'autel signalera, à l'office du dimanche, l'enfant
recueilli. Si quelqu'un peut le reconnaître, il en fera la déclaration dans les dix jours. Dans le cas contraire, celui qui rede-
mandera l'enfant sera frappé de censure comme homicide.
Conc. Vas., c. 9 et 10.
3. Can. 19.

« Défense de fonder un nouveau monastère, si l'évêque ne l'approuve. Les moines qui n'ont pas de lettres testimoniales de leur abbé ne peuvent être autorisés à remplir des fonctions cléricales dans les villes et les bourgs.

« Un moine ne passera d'une communauté dans une autre qu'avec la permission de l'abbé, car partout où il se trouve, l'abbé a le droit de le rappeler. De même, c'est à l'abbé qu'il appartiendra de faire recevoir les ordres à ses sujets.

« Les moniales, même celles dont la vie et les mœurs ont été éprouvées, ne prendront pas le voile avant l'âge de quarante ans.

« Afin d'éviter les embûches du démon et les mauvaises langues des hommes, les couvents des moines n'avoisineront pas ceux des vierges [1]. »

L'expérience du métropolitain d'Arles parle ici avec une précision sans pareille. Il était impossible, en effet, de laisser établir une fondation monastique sans le consentement du chef diocésain. On voyait des religieux courir partout sans souci d'obéissance ni de stabilité, sans conscience du désordre ni du scandale. Des hommes riches, des pèlerins du monachisme s'installaient dans un lieu et s'enfuyaient secrètement dans un autre. Tous ces abus demandaient une règle absolue pour les faire cesser. Césaire a rendu un grand service à l'Église en saisissant l'occasion d'un concile national pour imposer une stricte discipline à tous, hommes et femmes.

En Provence, sur les bords du Rhône, dans la Narbonnaise, on avait reçu de bonne heure la religion chrétienne. Filles privilégiées de l'évangéli-

---

1. Can. 19, 27, 28.

sation, nos églises prirent des usages spéciaux pour
le culte. La liturgie pratiquée en Gaule différait de
la liturgie romaine. Mais, tandis qu'à Rome il y avait
unité de rite, nos pays admirent des variétés nombreuses.

Pour amener l'uniformité, plusieurs conciles impo-
sèrent la même règle dans l'ordre des offices. Les
Pères d'Agde tentèrent un effort identique. Il est dit
dans le canon 3o : « Nous trouvons convenable que
tous doivent suivre également l'*Ordo* de l'Église,
qui comprend, d'abord, les antiennes ou psalmodies
antiphonées, ensuite les collectes récitées par l'évêque ou les prêtres. Tous les jours on chantera les
hymnes matin et soir. A ces offices on n'oubliera pas
les capitules ou versets tirés des psaumes. Enfin, l'o-
raison terminée, l'évêque donnera sa bénédiction ».

A la suite de ce statut important pour l'histoire li-
turgique, il faut ajouter la sévère recommandation
que voici :

« Il y a obligation spéciale pour les séculiers d'entendre la messe entière les dimanches, et de ne pas
sortir du lieu saint avant la bénédiction du prêtre.
S'il le faut, l'évêque, pour leur confusion, les re-
prendra publiquement[1]. »

Césaire mettait en pratique ce précepte, nous le
savons. Il lui arriva même d'arrêter dans la basilique les fidèles qui, n'aimant pas la prédication, s'en
allaient au milieu des offices.

Le concile nous informe « que la cérémonie publique de la tradition du symbole était fixée au dimanche des Rameaux[2] ».

---

1. Can. 47.
2. Can. 13.

Aux catéchumènes de Rome, la tradition du symbole des Apôtres se faisait le quatrième dimanche de carême. Le rite de cette préparation au baptême consistait à apprendre les articles du *Credo*.

La variante de jour est à retenir, de même qu'il serait curieux de noter les commentaires faits sur la science requise des candidats.

A l'égard des pénitents furent rédigés deux canons pleins d'intérêt. Ces pauvres gens, exclus de la société des fidèles, formaient un groupe à part à l'église, et étaient congédiés avant la célébration des saints mystères. Pour être réintégrés solennellement, ils devaient se soumettre à de rudes épreuves. D'après le canon 15, le prêtre faisait publiquement l'imposition des mains et plaçait un cilice sur la tête du pénitent. En signe de repentir, la tête devait être rasée et le corps couvert de vêtements de deuil.

Ce régime était humiliant et quelques-uns ne consentaient pas à expier d'une si dure façon leurs fautes graves ou publiques. D'autres, au contraire, pénétrés de douleur, arrivaient par cette voie austère jusqu'à l'héroïsme des vertus. On trouvait là des chrétiens si parfaits, si édifiants que certains évêques n'hésitaient pas à les ordonner diacres et prêtres. Le canon 43 exclut du clergé tous les pénitents, et il plaît aussi aux Pères du concile de prescrire que les clercs condamnés à cette épreuve ne pourront plus célébrer à l'autel.

L'autel était placé en avant de l'abside dans l'axe de la nef. A l'origine, il n'y avait qu'un autel par église, mais peu à peu l'usage les multiplia. Il consistait en une table de pierre rectangulaire posée sur un piédestal. Les tranches de la table étaient ornées de colombes ou d'agneaux symbolisant les douze

apôtres et accostant le monogramme du Christ.
Césaire statue que, « pour consacrer un autel, il faut
une onction du chrême et la bénédiction du prêtre[1] ».

Dans la suite, le rituel de la dédicace des autels
se compléta, ainsi d'ailleurs que l'institution des
paroisses.

Le canon 22 mérite une mention toute particulière. Il traite justement des églises paroissiales et
des oratoires ruraux. La rareté des documents historiques sur cette question nous fait accueillir avec
le soin qu'il mérite le texte des Pères.

« Si quelqu'un, disent-ils, en dehors des paroisses où se fait le groupement légitime et ordinaire
des fidèles, veut avoir un oratoire dans sa campagne
pour y entendre la messe, nous le permettons. Il y
a là, pour une famille, des raisons légitimes de fatigue, d'éloignement, de piété. Cependant nous faisons
exception pour les fêtes de Pâques, de Noël, de
l'Épiphanie, de l'Ascension, de la Pentecôte, de
saint Jean-Baptiste[2] qui doivent se célébrer dans les
villes et dans les paroisses. Quant aux clercs qui,
sans nos ordres, prétendraient officier les jours sus-
désignés dans les oratoires ruraux, ils seront privés
de la communion. »

Une distinction profonde différenciait donc déjà
l'église paroissiale de la chapelle de secours. A la
base du christianisme nous voyons l'évêque réu-
nissant dans chaque cité les fidèles qui viennent
prendre part au sacrifice et entendre la parole de
Dieu. Quand la paix est proclamée dans l'empire

---

1. Can. 14.
2. Saint Jean-Baptiste est l'objet d'un culte spécial en Gaule.
Nous trouvons partout, dans nos villes et nos villages, des
chapelles dédiées à sa mémoire.

romain, les pasteurs quittent leurs catacombes et
établissent des centres chrétiens. Ce n'est plus
l'humble édifice des temps où il fallait se cacher pour
offrir ses prières, mais le grand jour de la liberté
fait lever la semence du sang des martyrs. Les chrétiens, en se multipliant, multiplient les basiliques
non seulement dans les agglomérations importantes,
mais même dans les bourgs et les villages[1]. Au IVe
siècle l'organisation des paroisses prenait une proportion pleine de promesses, et au Ve siècle les conciles s'occupaient de régler leur temporel. Les sénateurs, les gros propriétaires fondaient souvent un
oratoire domestique, lequel successivement se trans-
formait en sanctuaire religieux ouvert à tout le pays
environnant. Les prêtres résidents, ainsi que certains
seigneurs de campagne, se montraient parfois d'une
trop grande indépendance sociale et religieuse. C'est
pourquoi leurs chefs rappellent le principe d'unité.
Autour de l'évêque doit se grouper toute la famille
sans exception : les curés de paroisse, les auxiliaires
des chapelles domestiques, les simples fidèles. Aux
grandes solennités les pasteurs doivent voir leurs
brebis. Chacun, même le plus riche, descendra de
sa villa ou de sa ferme, pour se présenter à celui
qui a charge d'âme. Près de l'évêque ou du curé accourent tous les enfants. « Les séculiers qui s'éloi-
gneraient de la communion à Noël, à Pâques et Pentecôte ne seront pas considérés comme catholiques[2]. »

Ces informations historiques nous représentent les
mœurs de nos ancêtres. Malgré leurs instincts barbares et le milieu corrompu de l'époque, ils sont

---

1. Cf. *Vita S. Cæsarii.*
2. Can. 18.

croyants, obéissent à l'Église, qui est le centre de leurs intérêts, ils s'agenouillent aux pieds des saints avec une foi admirable. La mission du sacerdoce, délicate alors entre toutes, se poursuivait dans la lutte. Ariens, Juifs, païens faisaient la guerre aux idées chrétiennes. Ailleurs, nous avons dit les attaques des hérétiques, le concile n'en parle pas, sans doute pour ménager Alaric ; mais il met en garde contre le culte d'idolâtrie. Ce que nous a décrit Ausone au v$^e$ siècle, existait au vi$^e$. Des devins et des sorciers, parcourant le monde, sollicitaient le peuple pour recettes médicales en cas de maladie, ou prévisions de l'avenir. Et l'on voyait des baptisés suivre ces superstitions, porter des amulettes, écouter ces charlatans, participer à des sortilèges.

Le canon 42 s'élève avec véhémence « contre cette peste qui empoisonne la foi catholique, en s'appliquant à l'étude des augures, aux sorts des saints, aux prédictions : Quiconque, clerc ou séculier, pratiquera l'usage de ces observances païennes, sera mis hors de l'Église ».

Une fréquentation que les Pères d'Agde jugèrent dangereuse, était celle des Juifs. Les inscriptions sur pierre et les textes de nos archives nous prouvent qu'ils étaient nombreux dans les Narbonnaises. Leurs communautés, vouées au trafic, cherchaient aussi à faire du prosélytisme. Par des invitations et des festins ne pourrait-on arriver à l'apostasie ?

Voici un canon fort curieux sur les relations trop cordiales avec les Juifs : « Dorénavant clercs et laïcs éviteront de manger à la table des Juifs ou de les convier à leurs repas. Il serait indigne et sacrilège que des chrétiens mangent de leurs mets, alors qu'ils n'nsent pas eux-mêmes des mets ordinaires.

Ce que nous permet l'Apôtre est impur à leur sens. Et ainsi le chrétien serait inférieur au Juif : l'un prendrait ce qu'on lui offre et l'autre le mépriserait[1] ».

La perfidie juive est bien mise en relief dans le canon 24. On ne pourra affirmer que les Pères ont commis une exagération, si on se rapporte au siège d'Arles de l'année suivante (507). Il arrivait donc fréquemment que certains Juifs se présentaient au catéchuménat pour recevoir le baptême. C'était, peut-on croire, sans conviction, puisque, selon le mot du concile, ils retournaient peu après à leur vomissement [2]. « Pour les admettre à la foi catholique, ils feront un stage de huit mois, observeront les épreuves des catéchumènes et montreront une croyance pure, digne de la grâce baptismale. Cependant, s'il y avait péril de mort, on les baptiserait. »

Certaines Églises d'Occident s'étaient relâchées de l'observance du carême. Le concile les ramène à la discipline, et « prescrit le jeûne à tous les catholiques pendant la période quadragésimale, sans excepter le samedi[3] ».

Ce dernier trait vise un fléchissement abusif et remet dans la règle ceux qui s'en étaient écartés.

Il nous reste à dire encore deux mots, l'un de sévérité et l'autre de miséricorde. Le premier regarde les pêcheurs publics, les calomniateurs, les homicides, les vindicatifs. « Ceux qui souillent le foyer conjugal, ceux qui abandonnent leur épouse pour convoler à d'autres unions, sans recourir aux évê-

1. Can. 40.
2. Can. 34 : « *Judei quorum perfidia frequenter ad vomitum redit...* »
3. Can. 12.

ques provinciaux ni attendre leurs sentences, sont exclus de l'Église et de l'assemblée des fidèles.

« Les faux témoins, les homicides, les chrétiens qui, toujours haineux, refusent de se réconcilier après admonestation des pasteurs, subiront la peine de l'excommunication [1]. »

On sortait de l'esclavage par l'affranchissement. L'Église le pratiquait pour son compte, ainsi que nous l'avons vu précédemment, mais aussi elle le conseillait aux séculiers. Le maître, ayant quelquefois du regret de son acte libéral, persécutait son ancien subordonné. Alors intervenait l'évêque, car toutes les faiblesses demeuraient sous son patronage. Il examinait le mode, la légitimité, la vérité de l'affranchissement, rendait justice au persécuté et, au besoin, recourait à la pénitence la plus redoutée. « Si quelqu'un, dit le canon 29, a été légitimement libéré par son maître, l'Église le protégera en cas d'attaque; et, si on cherchait à violer la justice à son égard, c'est à l'excommunication qu'on aboutirait directement. »

Nous ne dirons rien des canons adventices qui font suite à ceux d'Agde [2], et nous finirons cette étude en citant la conclusion du concile [3].

« Il nous a plu de décider que, suivant les Constitutions des Pères, on rassemblerait tous les ans un concile. Grâces au ciel, rien n'a troublé notre réunion et tout s'est passé dans le calme. Remercions Dieu de son assistance et offrons aussi nos grati-

---

1. Can. 25, 37, 31.
2. Cf. Sirmundus. — *Concilium Agathense.* — Du canon 1 à 47, Agde; de 47 à 70 « *ex canonibus maxime concilii Epaunensis* ».
3. Can. 48.

tudes à notre roi, priant le Divin Maître de bénir l'œuvre accomplie. Puissions-nous faire et pratiquer longtemps, pour l'honneur de Dieu, ce que nous avons résolu! »

Césaire, comme promoteur de concile, est un vaillant ouvrier d'organisation sociale et religieuse. Ses qualités maîtresses relèvent son prestige à tel point que les canons d'Agde deviennent le modèle de ceux qu'on va délibérer à Epaone, à Orléans, à Clermont. M. Carl Franklin Arnold, en comparant les conciles catholiques de la Burgondie, du royaume franc, de l'empire visigoth, en tire des déductions intéressantes sous les rapports politiques[1]. Plus intéressants pour nous sont les rapports des décrets disciplinaires dans les royautés diverses. Partout résonne l'écho de l'organe législatif d'Agde. De ce foyer est sorti un rayon de lumière qui a éclairé la Gaule mérovingienne. C'est un honneur pour le métropolitain d'Arles et pour la cité d'Agde. Nous sentons tellement l'importance du corps de législation élaboré à la basilique de Saint-André que nous voudrions creuser davantage cette étude.

L'historien ne quitte jamais sans regret les monuments authentiques d'un passé dont il n'a pas dit toute la gloire, et le cœur s'attache aux restes vénérables de notre foi comme à un berceau aimé. L'appareil architectural, les cryptes, les tombeaux, les inscriptions de la primitive basilique, le cimetière adjacent ont disparu ou sont enfouis dans la terre. Peut-être un jour des explorateurs aux méthodes intelligentes nous révéleront quelque fragment de mosaïque, une décoration ou un texte se rapportant

1. *Cæsarius von Arelate*, ch. vii. Das Konzil zu Agde.

à l'événement de 5o6. En attendant, saluons l'emplacement célèbre où se réunirent les Pères. Une
église, toujours appelée Saint-André, a succédé à
l'antique église. Elle est devenue aujourd'hui, après
une série d'étapes diverses, une simple chapelle de
secours. Le pieux clergé d'Agde y va tous les dimanches célébrer une messe. Il est heureux, avec raison,
de vous y montrer une colonne, en pierre du pays,
de 3ᵐ,3o de hauteur, engagée dans le mur de la nef
et qu'on dit avoir appartenu à l'édifice du viᵉ siècle.
« C'est la colonne du concile », nous répètent les
historiens locaux et la voix populaire.

# CHAPITRE VII

CORRESPONDANCE ET RELATIONS DE CÉSAIRE AVEC ROME.
— SA THÉOLOGIE SPÉCULATIVE. — LE SYMBOLE ATTRI-
BUÉ A SAINT ATHANASE. — LUTTES DES FRANCS, DES
BURGONDES ET DES GOTHS EN PROVENCE. — ARLES EST
RÉUNI AU ROYAUME DE CHILDEBERT (536).

Dans les nouvelles délimitations politiques formées
par la victoire des Goths sur les Burgondes et les
Francs, il était désormais difficile à Césaire de
compter beaucoup sur son action métropolitaine. La
moitié de la province d'Arles était sujette du roi
burgonde ; les vainqueurs des Visigoths tenaient la
rive droite du Rhône, et Théodoric ne dépassait pas
la Durance. Pour exercer une influence salutaire,
étendue, il était besoin d'une autorité personnelle.
Vu le passé d'Aix, de Narbonne, de Vienne surtout,
en face d'évêques plus ou moins rivaux, divers d'attitude nationale, c'était vers Rome qu'il fallait s'orien-
ter, c'était au Saint-Siège qu'il était nécessaire de
recourir. Associer intimement le Pape à son action,
voilà la vraie sagesse.

Césaire se montra donc empressé d'avoir constamment l'appui pontifical et, si Rome lui donna beau-

coup, le Saint-Siège lui est aussi beaucoup redevable.
Au pieux évêque d'Arles il faut attribuer l'ascendant
que prit alors Rome sur la Gaule, et de l'intervention
de Rome naquirent chez nous les idées ultramon-
taines de cette époque. Si nous dépouillons la correspondance qui s'échangea entre Césaire et les sept
Papes qui vécurent de son temps, nous trouvons à
toute occasion des marques de déférence d'un côté,
et de l'autre de nombreuses décisions doctrinales et
disciplinaires. Symmaque confie l'inspection des
Églises de Gaule et d'Espagne à son vicaire d'Arles [1]
et aussitôt s'établit entre elles une féconde émulation
pour adopter les idées romaines.

Les *postulata* de Césaire provoquent les décrétales qui nous renseignent exactement sur les abus
gaulois, les directions et ordonnances d'outre-mont [2].

Hormisdas n'est pas plutôt intronisé qu'il envoie
ses amitiés à Césaire et lui annonce des faveurs
(514). Le Pape le félicite de son zèle et confirme les
privilèges antérieurs. Césaire lui rend compte de la
situation religieuse et le prie, sans doute, de faire
tenir un concile dans la province de Vienne. Avitus
annonça, en effet, à ses collègues que, Hormisdas
s'étant plaint de lui plusieurs fois, il les convoquait
tous à Epaone (517). Les questions traitées sous sa
présidence renouvellent les canons d'Agde et montrent l'impulsion du vicaire papal.

Car nous ne voyons pas qu'Avitus ait gardé rancune à Césaire. L'exemple de son frère Apollinaire,
de Valence, qui avant de mourir veut embrasser le

---

1. *Mon. Germ. hist.*, *Epist.*, t. III, p. 42 (11 juin 514). —
*Gallia christiana novissima*. Arles, p. 51, 52, 53 et s.
2. *Gallia christiana novissima*.

métropolitain arlésien, et des lettres même de l'évêque de Vienne, très courtoises, prouvent que ces deux
saints émules se donnèrent de mutuels.exemples de
charité.

Le respect de l'Espagne pour Césaire est indé-
niable et, s'il n'y a pas présidé de conciles, son influence n'en est pas moins réelle. A Gérunda et à Sa-
ragosse (516-517), à Valence (524), à Tolède, les
réunions épiscopales s'inspirèrent de la discipline
arlésienne.

Le retour à la communion romaine des évêques
de Dardanie, Illyrie et Scythie, infectés de l'hérésie
d'Eutychès, fut un événement considérable pour
l'Église.

Hormisdas en fit part à Césaire, le 11 septembre
515; il lui envoya Urbain, défenseur du siège apostolique. Le vicaire du Pape s'empressa de communiquer la bonne nouvelle aux évêques qui étaient
sous sa dépendance, et lui-même écrivit à Rome
pour manifester sa joie [1].

Une autre lettre d'Hormisdas félicite Césaire de
l'établissement de son couvent de filles aux Alyscamps et règle avec sagesse la situation de cette
fondation au point de vue spirituel et temporel
(514).

Dans le *libellus Cæsarii* à Symmaque se trouvait
une protestation contre l'intrusion de laïcs dans les
charges ecclésiastiques, sans épreuve préliminaire.
Des observations adressées à l'épiscopat gallican par
le Pape répondirent à cette requête. Mais l'abus des
ordinations faites par brigue ou simonie persista, et
ce fut une occasion nouvelle de recourir à Rome. Le

---

1. Thiel, *Epist. Rom. Pontif.*, p. 758-61 ; Jaffé, 777.

rappel de Félix IV à Césaire spécifie que les laïques doivent être sérieusement éprouvés avant d'être promus au sacerdoce [1]. « Il est des clercs, dit-il, qui reprennent après l'ordination leur vie séculière, et vous avez statué que désormais aucune ordination ne pourra avoir lieu avant un an de conversion. Le mal est difficile à guérir, mais il serait plus dangereux encore de le négliger. On invoque d'anciens usages. Ils ne peuvent excuser personne. Qu'est-ce qu'un pilote qui n'a point fait d'apprentissage parmi les matelots? Quiconque n'a pas appris à obéir ne saurait commander. Surtout lorsqu'il s'agit de la consécration d'un évêque, observez les saints canons et ne compromettez pas à la légère votre salut avec celui des autres (3 février 528). »

Gennade, dans son livre *Des écrivains ecclésiastiques*, loue Césaire d'avoir mérité une lettre de ce même Pape Félix en 529, au sujet de son opuscule sur la grâce.

Nous en reparlerons lors du concile d'Orange, mais il est opportun de dire à cette place que cette décrétale eut un grand retentissement [2].

Boniface II, le 25 janvier 531, sanctionne à son tour le même travail doctrinal et déclare que s'en rapporter à Pierre dans les questions de foi est la seule chose à faire.

Les réponses de Jean II au sujet de la condamnation de Contumeliosus de Riez constituent une série de pièces de grande importance. Trois décrétales sont adressées à Césaire en suite de ses revendications; nous en ferons plus loin connaître la teneur,

---

1. *Patr. lat.*, t. LXV.
2. Gennadius, *De viris illustr.*, 86. — Jaffé, 876.

ainsi que de celle d'Agapet relative à la même affaire [1]. Il n'en reçut aucune satisfaction pas plus que de la décrétale touchant l'aliénation de quelques terres de son Église arlésienne. Deux désaveux en un jour venant de Rome étaient pour mettre le saint évêque à une rude épreuve. Il accepta tout avec résignation, car, dit son biographe, il avait, lui seul, plus de vertus que beaucoup d'autres ensemble.

Il nous reste à dire un mot du septième pontife avec qui Césaire correspondit. Vigile [2], avant de devenir Pape légitime, reçut une ambassade du roi franc Théodebert. Ce dernier, s'étant emparé de plusieurs places fortes et châteaux du Midi, avait déshonoré sa victoire en violentant Deutérie et la retenant auprès de lui, quoiqu'elle eût un époux et qu'il fût marié lui-même [3]. Maintenant il demandait quel genre de pénitence devait être exigé d'un homme coupable d'avoir épousé sa belle-sœur. Certes la démarche de ce prétendu justicier des mœurs chrétiennes ne fait pas conclure à son vrai zèle pour la sainteté du mariage. Avec fermeté, Vigile, dans sa réponse à l'ambassadeur Modéric, exige la séparation des époux incestueux et s'en remet à la sagesse de Césaire pour fixer leur pénitence. « Empêchez les rechutes coupables et prévenez les abus de ce genre qui pourraient se produire à l'avenir », écrivait-il à l'évêque d'Arles [4]. Celui-ci s'empressa de régler cette question, mit Rome sans cesse en

1. Sirmundus, pp. 232-240.
2. Vigile fut le rival de Silvère en un temps malheureux, et dut son pontificat à une influence impériale.
3. *Greg.*, *Tur.*, lib. III.
4. *Patr. lat.*, t. LXIX, 6 mars 538.

plus grande évidence, engagea tout le monde à se
rendre aux indications venues du Pape, enfin obéit
et fit obéir au mot d'ordre du chef de l'Église catholique.

Césaire, comme principal fondateur de l'Église mérovingienne, mérite qu'on l'étudie dans sa théologie
spéculative avant de poursuivre l'inventaire de ses
idées morales. En lui, l'importance du canoniste est
supérieure à celle du philosophe. Néanmoins, il y a
dans ses œuvres des textes dogmatiques qu'il est bon
de connaître pour juger l'homme tout entier.

Nous avons déjà parlé des *Statuta Ecclesiæ antiqua* [1]. Dans le chapitre des conciles, il sera question
de la grâce et du péché, des vices de l'homme et de
l'expiation des fautes par la vertu. Lorsque viendront
les citations des homélies et autres discours, on verra
l'état de la société chrétienne et les moyens de salut.
Maintenant essayons de dire quelques mots sur
certains écrits théologiques de notre saint évêque.

Le traité sur la Trinité avait été, d'après M. Paul Lejay [2], son début d'écrivain. Il pouvait parler *ex professo*
d'un pareil sujet : l'arianisme était le principal ad-

---

1. Cf. chapitre iv.

2. La *Revue d'Histoire et de Littérature religieuses* a publié sur
le rôle théologique de Césaire une série d'articles aussi savants
qu'intéressants de M. Paul Lejay (année et tome X, nᵒˢ 2, 3, 5
et 6). Le cardinal Mai avait imprimé sous le nom de saint Augustin le commencement du traité sur la Trinité (*Nova Patrum
Bibliotheca*, t. I, p. 407). Depuis, Reifferscheid a signalé un manuscrit plus complet à la Bibliothèque de la Minerve (*Bibliotheca Patrum italica*, t. I, p. 174). Enfin dom Morin a publié
de ce manuscrit la partie inédite et montre que l'ouvrage doit
être attribué à Césaire (*Mélanges de littérature et d'histoire religieuses publiés à l'occasion du jubilé épiscopal de Mᵍʳ de Cabrières*, t. I, p. 109).

versaire du catholicisme. Or Césaire avait vécu parmi
les ariens. Une lumière éblouissante jaillit donc des
considérations qu'il expose. « Ceux qui professent
l'autre religion ont la coutume de provoquer les catholiques simples par des interrogations subtiles.
Voulant les faire expliquer sur le mystère de la Trinité, ils cherchent les voies les plus tortueuses. Rien
d'étonnant que ces catholiques, par simplicité ou
ignorance, ne puissent répondre convenablement et
dès lors ces provocateurs se persuadent qu'ils triom-
phent. A cause de cela, même les catholiques instruits
ne doivent presque pas engager de conversations sur
notre religion avec de pareilles gens. Chez eux, en
effet, il y a des idées bien arrêtées, même s'ils sont
vaincus, de ne pas l'avouer. Nous donc, avec la protection de Dieu, tenons-nous fermes et ne laissons
jamais fléchir notre esprit, alors que certain artifice
paraîtrait rendre vraisemblables leurs paroles [1]. »

N'est-ce pas que cet exorde est vivant et évocateur?
Ne croirait-on pas assister à ces rencontres quotidiennes d'un peuple mélangé de croyances, entendre
les conversations d'humbles catéchumènes montant
à l'atrium, apercevoir les pauvres fidèles en rapports
nécessaires pour les besoins de la vie avec les ariens
fiers du pouvoir officiel?

Le conseil de garder le silence en face d'hommes
sans bonne foi ne signifie point pénurie d'arguments.
Aussi l'auteur du traité s'attache à citer des textes
de l'Écriture qui justifient le dogme. Il disserte de la
sorte : « Dieu le Père est parfait, on ne peut rien lui
ajouter ni rien lui enlever. Il a donc dû porter et

---

1. « *Solent homines alterius religionis,* etc. » Mai, p. 407.
N. P. Bibl.

mériter toujours le titre de Père. Donc le Fils a toujours existé et toujours été son Fils. Le Père est infiniment bon et infiniment puissant. Il n'a pu engendrer qu'un Fils parfait, en tout son égal. Car ou il ne serait pas bon, s'il avait refusé jalousement la perfection à son Fils, ou s'il n'avait pu la lui donner, il ne serait pas tout-puissant » (ch. ii et iii).

L'exposé continue : « Le Saint-Esprit est Dieu, mais Il est dit envoyé, quand la grandeur des œuvres fait reconnaître sa présence... Le Seigneur notre Dieu est unique Seigneur; ce n'est ni le Père seul, ni le Fils seul, ni le Saint-Esprit seul, mais c'est toute la Trinité, vrai et unique Dieu ». Il y a encore des arguments qui prouvent l'égalité du Père, du Fils et du Saint-Esprit ; toutefois la controverse est surtout sur le Fils.

Parlant de Jésus-Christ, Césaire explique la parole : « Mon Père est plus grand que moi », et il lance ce trait si juste : « Pourquoi refuser à Dieu un Fils qui l'égale, alors que souvent l'homme est père d'un fils qui le dépasse ?

« Non, le Fils n'est pas du néant, mais de la substance du Père, engendré par Lui avant l'aurore : Il n'est pas une créature, Lui qui a créé les créatures. Il y a dans le Père et le Fils unité d'opération et de conseil. Qui osera refuser au Fils et à l'Esprit la sagesse ? »

Pourtant on ne trouve pas ici complets les témoignages, en nombre infini, des Écritures qui prouvent l'égalité du Père, du Fils et du Saint-Esprit.

En l'état et avec les lacunes de l'œuvre, nous nous arrêterons à l'argument de tradition : « On doit croire, sur la Trinité, ce que croient les églises apostoliques : Jérusalem, Éphèse, Alexandrie, Smyrne, enfin les

églises fondées en Gaule par les Apôtres : Arles,
Narbonne, Toulouse, Vaison[1] ».

Ce témoignage de l'apostolicité des églises gauloises est le passage le plus intéressant pour nous du
travail césarien. Le sens attaché à l'expression
« disciple des apôtres » n'est pas douteux. Il vise une
réalité et non pas une figure. Pour ce qui est de
saint Trophime, la tradition ancienne veut qu'il ait
reçu sa mission directement des Apôtres; mais, pour
le cas de Daphnus de Vaison, c'est bien différent.
Daphnus a pris part au concile d'Arles de 314 et l'a
souscrit comme évêque de Vaison. Il n'y a pas de
raison, semble-t-il, de dédoubler le personnage et
d'imaginer un évêque, du même nom, antérieur de
trois siècles à celui dont l'existence est prouvée par
les documents.

Césaire aura donc essayé de concilier les prétentions d'autres sièges avec la croyance admise sur la
fondation arlésienne. Il en est arrivé à un déplorable
résultat. En sortant de son sujet dogmatique pour
passer à l'histoire, il a montré peu de perspicacité, et
son défaut de contrôle a affaibli par un point son ar-
gumentation.

Pour en finir avec l'opuscule de la Trinité, la Sainte
Vierge y a une petite place. Une opinion rare est celle
où Césaire considère Joseph comme encore vivant
lors de la résurrection du Christ. « Si le Père seul
est digne d'adoration, crie-t-il aux ariens, pourquoi

---

1. « *In Galliis etiam civitas Arelatensis discipulum apostolorum sanctum Trophimum habuit fundatorem, Narbonensis
sanctum Paulum, Tolosana sanctum Saturninum, Vasensis
sanctum Daphnum.*

« *Per istos enim quatuor apostolorum discipulos in universa
Gallia ita sunt ecclesiæ constitutæ, ut eas nunquam permiserit
Christus ab adversariis occupari...* »

la Sainte Vierge et saint Joseph l'adorèrent-ils après qu'il fut ressuscité? » Saint Ambroise[1] émet cette idée dans un sermon, et Césaire le copie textuellement dans le sien *De Beato Joseph*[2].

Il est manifeste que l'évêque d'Arles aime l'énoncé des vérités religieuses sous forme de théorèmes rigoureux. Le résumé si imparfait des pages précédentes accuse cette habitude; notre analyse, au chapitre iv, des *Statuts antiques de l'Église* justifie cette conviction; enfin l'abrégé de la religion qui porte le nom de *Symbole d'Athanase* démontre lumineusement ce cachet de synthèse.

Dans les *sermones* sur le symbole, et en particulier dans le 244e de l'Appendice augustinien, Césaire insiste sur la Trinité et beaucoup moins sur le Christ. Le début de ce dernier sermon a des formules semblables à celles d'Athanase. « Frères bien-aimés, quiconque veut être sauvé doit garder fermement, fidèlement et inviolablement la foi catholique. Il faut donc que chacun croie au Père, au Fils et au Saint-Esprit. Le Père est Dieu, le Fils est Dieu, le Saint-Esprit est Dieu, et cependant il n'y a pas trois dieux, mais un seul Dieu : tel est le Père, ainsi le Fils et le Saint-Esprit[3]..... »

---

1. S. Ambr., *De Joseph*, II, 8; *P. L.*, t. XIV.

2. « *Sol enim et luna et undecim stellæ eum adoraverunt, quando post resurrectionem Sancta Maria, quasi luna, et beatus Joseph, sicut sol, cum beatis apostolis incurvati et prostrati sunt ante eum...* » Appendix, 13.

3. *Augustini Opera*, t. V : « *Rogo vos, fratres carissimi, ut quicumque vult salvus esse, fidem rectam ac catholicam discat, firmiter teneat, inviolatamque conservet. Ita ergo oportet unicuique observare ut credat Patrem, credat Spiritum Sanctum. Deus Pater, Deus Filius, Deus et Spiritus sanctus; sed tamen non tres dii, sed unus Deus. Qualis Pater, talis Filius, talis et Spiritus sanctus.....* »

L'accent, la teneur, la suite de cet exorde con tinuent à exprimer une somme de dogmes : « Croyez que Notre-Seigneur est né de la Vierge Marie, mais conçu du Saint-Esprit. Croyez qu'il a souffert pour nos péchés sous Ponce-Pilate, qu'il a été crucifié, qu'il est mort, qu'il est ressuscité. Croyez qu'il est monté au ciel avec sa chair, qu'il viendra juger les vivants et les morts. Croyez à la rémission des péchés, croyez à la vie éternelle[1] ».

Croyez, croyez, croyez, cette autorité de ton est très conforme à la manière de Césaire. Mais la question mérite d'être examinée à l'aide d'autres textes. Caspari, qui a tant fait pour l'histoire des symboles, a publié, d'après deux manuscrits de Paris, une homélie qui se rapproche du sermon 244[2], et M. Burn a retrouvé des variantes de la publication Caspari[3].

Dans l'ensemble, ces documents récemment découverts portent la marque de Césaire et peuvent constituer les essais de rédaction d'un symbole. Il en a ainsi parlé la langue avant de fixer définitivement les formules.

Une dernière rédaction fit-elle passer ce qui est contenu aux ébauches et sermons de Césaire dans le symbole mis sous le nom d'Athanase? Les recherches de Dom Morin le donnent à penser[4] et, selon M. Lejay[5], la question paraît résolue.

Cette impression générale étant pour ébranler ou

---

1. *Ibidem.*
2. *Kirchenhistorische Anecdota*, t. I, p. 283 et s.
3. *Zeitschrift für Kirchengeschichte*, t. XIX (juillet 1898). Ces manuscrits proviennent d'Allemagne et d'Angleterre.
4. *Revue bénéd.*, t. XVIII (1901), p. 347 et suiv.
5. Paul Lejay, *Revue d'histoire et de littérature religieuses*, t. X, p. 179, 182.

ôter le doute sur l'attribution du symbole dit d'Athanase [1], comment se fait-il que le nom de l'intrépide docteur soit mis sur cette pièce? Ici, il faut recourir à la mentalité de Césaire. Nous savons très exactement « qu'il avait l'habitude de placer en tête de ses compilations le nom de l'écrivain ecclésiastique dont les ouvrages lui fournissaient les idées, une sentence, quelques mots même [2] ». Dom Morin en donne des exemples nombreux, soit pour Augustin [3], soit pour Athanase [4]. Césaire avait le respect, le scrupule de la tradition. Il parle constamment des « saints Pères, de l'institution, de l'exposition des anciens Pères, des règles de nos saints et vénérables Pères ». Peut-on être surpris, alors, que l'auteur d'une idée originale, d'une inspiration passe avant le rédacteur?

Le symbole athanasien est l'expression même du caractère, de la personnalité de Césaire. Dom Morin l'a finement remarqué : « Le *Quicumque* est une sorte de catéchisme élémentaire, destiné à mettre à la portée des esprits même les moins cultivés les formules dogmatiques élaborées à la suite des grandes hérésies des ive et ve siècles, touchant la Trinité et l'Incarnation : le tout avec un certain accent pratique qui ne s'accuse pas au même degré dans la plupart des anciennes professions de foi..... La précision, la clarté, le fini de la terminologie dogmatique tendant à ce but, supposent un travail déjà long des théologiens [5] ».

1. *Revue d'histoire et de littérature religieuses*, t. X, p. 180. — *Revue bénédictine*, XVIII, p. 361.
2. *Revue bénédictine*, XVIII, p. 362.
3. *Mélanges de Cabrières*, t. Ier, p. 116.
4. *Revue bénédictine*, XVIII, p. 362.
5. *Ibidem* (1901), p. 339.

L'*Athanasianum* n'a pas de morale comme le sermon 244[1], mais des formules courtes, précises, pratiques s'adaptant à un auditoire populaire et satisfaisant les esprits cultivés. L'inspiration est remarquable, d'autant plus qu'il s'agit de descendre des sphères les plus spéculatives et de la plus haute métaphysique aux régions de la psychologie. Les qualités d'instituteur élémentaire ne sont pas une banalité au vi<sup>e</sup> siècle, et la méthode césarienne, qui consiste à avoir des doublets pour répandre la doctrine et la protéger à travers tous les milieux, représente une profonde intelligence. Ainsi, précis de morale et de dogme, mélange de vertus à pratiquer et de croyances à admettre, voilà ce que renferment plusieurs sermons de Césaire. Quant au symbole proprement dit, c'est le thème clair et fondamental des vérités qu'il faut admettre. Ce résumé très complet fait honneur à celui qui l'a harmonieusement conçu et pratiquement exécuté. L'Église l'apprécie à ce point que, dans le Bréviaire, elle le fait réciter à ses clercs, comme ils y récitent les psaumes et lisent la Sainte Écriture.

Vivant au milieu de son troupeau et parmi des gens qui avaient déformé le régime de la grâce, Césaire s'attacha de tout son zèle à réagir contre les erreurs. Il fit un opuscule « contre ceux qui demandent pourquoi Dieu donne la grâce aux uns et la refuse aux autres[2] ».

L'homme a-t-ille droit d'interroger Dieu ? — « Pour

---

1. Appendix.
2. « *Quid dominus Cæsarius senserit contra eos qui dicunt quare aliis Deus det gratiam, aliis non det...* » Publié pour la première fois par dom Morin. *Rev. bénéd.*, XIII (1896).

avoir ce droit, dit-il, il aurait fallu rendre à Dieu les actions de grâces adéquates au salut des élus. Or, si l'univers entier rendait grâces pour un seul, la miséricorde divine recevrait un prix insuffisant : que dire alors du salut de milliers d'élus ? Vous prétendez juger Dieu et le questionner sur la grâce à l'un et le refus de grâce à l'autre. Ce que vous osez dire d'un petit nombre, pourquoi ne pas le dire de tout le monde ? Osez donc demander à Dieu pourquoi, après tant de milliers d'années seulement, il est venu pour la rédemption du genre humain ; pourquoi, à part la nation juive, dans le cours de tant de siècles, le monde entier est demeuré dans l'erreur, privé de la grâce divine ? Ajoutez encore : Quand Abraham a été appelé, pourquoi, comme lui, les autres hommes n'ont pas été appelés à connaître la miséricorde ? Quel dessein Dieu a-t-il eu de faire tomber la rosée de la grâce, pendant des milliers d'années, sur le seul peuple de la Judée, sans rafraîchir les autres de son amour ?... »

La série des questions continue, tranchantes, sévères, et l'auteur conclut la première partie en citant le mot de saint Paul : « *O altitudo !* »

La seconde partie accentue la pensée qui dénie à l'infidèle une vertu valable pour le salut et convie à adorer les jugements impénétrables de Dieu : « O profondeur mystérieuse, répète Césaire, homme, qui es-tu pour répondre à Dieu ? »

Les œuvres spéculatives, que nous venons d'analyser, montrent dans Césaire la valeur du philosophe et du théologien. Il reçut surtout l'opinion d'autrui, l'exposa avec beaucoup de zèle et la plaça sous le patronage du Souverain Pontife. Mais on verra le complément de ces affirmations dans les conciles,

de même que l'exposé de toutes ses idées au chapitre de la prédication.

En attendant, il convient de connaître les événements politiques survenus afin de mieux juger les
problèmes religieux et en apprécier plus équitable-
ment les solutions.

Le régime ostrogothique établi à Arles depuis
5o8 parvint difficilement à dissiper l'atmosphère
d'hostilité entre catholiques et ariens. Ceux qui pen-
saient comme les maîtres n'avaient que du dédain
pour les autres. Cyprien nous raconte un fait qui
peint au vif le sans-gêne des comtes et des soldats
goths, en même temps qu'il nous révèle la bonté
de Césaire. Des sangliers ravageant les domaines
du couvent suburbain, ceux qui l'habitaient voulurent les éloigner. Les officiers et les chasseurs, amis
du pouvoir officiel, n'entendaient pas la chose
ainsi et, tenant à cette chasse productrice de bon
gibier, se querellaient avec les moines, leurs fer-
miers, leurs voisins. De tout cela on va se plaindre
à l'évêque. Celui-ci prie Dieu à haute voix, lève
les yeux et les mains au ciel en disant : « Seigneur
Jésus-Christ, faites que jamais plus les sangliers ne
fréquentent ce lieu ». Il en fut ainsi, parait-il : bêtes
sauvages et passionnés chasseurs disparurent [1].

Théodoric le Grand était ouvert aux idées pacifiques. Animé d'une émulation toujours plus grande
pour la tradition impériale, il se décida à nommer
à la préfecture d'Arles un homme recommandable
sous tous les rapports. Libère avait géré avec un rare
mérite plusieurs emplois supérieurs près la préfecture du Prétoire d'Italie. Les dignités le cherchaient,

---

1. *Vita*, lib. I, cap. iv, 36.

tandis qu'il les fuyait. S'étant retiré de la politique,
il n'y revint que sur les instances de Théodoric et
contribua, aussi bien que Boèce et Cassiodore, à l'é-
clat de ce règne mémorable. Son entrée en charge
semble pouvoir être fixée en 514. Il n'était pas encore Préfet d'Arles, malheureusement, lorsque Césaire fut appelé à Ravenne, mais il l'était en 515,
comme nous l'apprend Ennodius. Les pouvoirs de
Libère égalaient presque ceux du roi et s'étendaient
même sur l'élément militaire. Il en usa pour l'intérêt des cités et celui des églises. Ses qualités d'administrateur ne faisaient pas tort à ses vertus et son
amour pour la religion accentuait son penchant à la
bienveillance. La sollicitude que lui imposait sa
charge de Préfet le porta à réparer les désastres des
invasions, à favoriser le commerce, à avantager les
gens de la campagne, et aussi à construire des
églises, à étendre leurs immunités, à faciliter les
réunions de conciles. Par ce qu'il a fait, on a jugé
qu'il appartenait à la religion catholique [1]. Il est
certain que les notaires de notre évêque le peignent
sous les traits d'un ami intime. Ses rèlations avec
Césaire sont touchantes et durant dix-neuf ans
(514-533) ce sera un bonheur pour l'un et pour
l'autre de se rencontrer.

Le milieu de son temps de préfecture coïncide
avec un événement qui valut à Théodoric un accroissement de territoire au nord d'Arles (523). Les fils
de Clotilde envahirent, en effet, le royaume de Burgondie. Pour se défendre des agresseurs et aider la
faiblesse de son voisin des Alpes, Tulun, général de

---

1. « *Ex his aliisque catholicum fuisse intelligimus etiamsi in
obsequio esset regis ariani.* » Lib. II, cap. 1, 9. *Nota.*

Théodoric, occupa les cités d'au delà de la Durance,
sans qu'il lui en coûtât un seul homme. Ce fut une
victoire sans combat, selon le mot de Cassiodore [1].

Séparées depuis longtemps, les églises des deux
rives de la Durance allaient pouvoir reprendre leur
existence commune et se réunir, sans complication
politique, à la province de Césaire.

De la sorte, cette masse compacte d'évêchés sous
la direction métropolitaine d'Arles imprimera avec
plus de force le mouvement religieux à la Gaule. Il
nous a semblé qu'on devait rapporter à ce moment
le trait que nous lisons dans la *Vita* antique.

« Un jour, racontent nos pieux biographes, le
patrice Libère, se trouvant sur les bords de la rive
droite de la Durance, fut lâchement attaqué par des
Visigoths qui le transpercèrent de coups. L'entourage du Préfet se précipita sur les meurtriers. Pendant cette course à travers l'oseraie, une lutte corps
à corps s'engagea et on oublia la victime. Libère, re-
gardant avec effroi sa blessure et désirant guérir,
tenta un suprême effort pour atteindre tout seul la
rive gauche de la rivière. Arrivé à Arnagine [2], perdant
son sang, il tomba, à bout de force et presque sans
vie. Des habitants de la localité l'aperçurent et s'em-
pressèrent autour de lui. Toute la ville sut cela,
mais nous avons entendu nous-même ce magistrat
illustre raconter le fait, en versant des larmes de reconnaissance sur la bonté de son sauveur. Il me
souvient, ajouta-t-il, que, n'ayant plus que le râle,
je criai à ceux qui étaient autour de moi : Puis-

---

1. « *Sine cæde victoria.* » Cassiod., *Var.*, VIII, 10.
2. *De loco nunc non constat*, écrit l'annotateur de la *Vita*.
Ce lieu est probablement Saint-Gabriel.

qu'il n'y a plus de remèdes, hâtez-vous d'appeler
Césaire à mon secours. Le messager partit aussitôt
et vola vers Arles. Il trouva l'évêque dans le champ
du monastère, occupé à donner des ordres et se dis-
posant ensuite à prendre quelque repos avec ses
familiers. Maître, cria le courrier tout en sueur,
venez vite, votre fils Libère vous prie de le voir
avant qu'il meure. En peu d'instants nous arrivâmes
au bourg d'Arnagine.

« Libère était inanimé, ne reconnaissant aucun
des siens, accourus comme nous, pas même sa femme
et sa fille unique. En ce moment, ainsi qu'il nous l'a
juré, il entendit une voix humaine qui lui disait :
voici le saint évêque. Et j'ouvris les yeux, pour-
suit-il, et je le vis auprès de moi ; je pris ses mains
et je les baisai fortement et tendrement. Puis, ins-
piré, je crois, par le ciel, je saisis son rochet et
l'appliquai sur ma blessure en l'y retenant un moment.
Le sang qui n'avait cessé de couler jusqu'alors s'arrêta
et je sentis revenir la vie, les forces et la santé : j'é-
tais si bien que je voulus monter à cheval et retourner à Arles en toute hâte, si on me l'avait permis[1]. »

Nous venons de voir la femme de Libère auprès
de lui, dévouée, prodiguant ses soins, répandant ses
consolations, priant Dieu pour sa guérison. Cette
illustre matrone s'appelait Agretia. Elle était atteinte
du mal qu'avait la femme de l'Évangile, guérie en
touchant la robe de Notre-Seigneur. Même foi,
même dévotion, pareille délivrance, dit l'un des
biographes de Césaire, dont on nous permettra de
copier encore la naïve et édifiante narration.

« Je vins chez cette grande dame pour affaire de

1. Lib. II, cap. i, 9 et 10.

charité et, à cette occasion, elle daigna me faire
part de son infirmité, me priant avec beaucoup d'instance de lui offrir quelques vieux morceaux du linge
dont le saint se servait. J'aurais pu très facilement
contenter de suite Agretia, car j'entrais librement
dans la cellule de Césaire, mais je craignais de faire
un péché en procurant par un vol ce qu'elle attendait comme remède. Confiant mon secret au camé-
rier qui avait la charge du vestiaire, je reçus un
petit linge à l'usage du saint. Le soir venu, nous lui
appliquâmes, selon l'habitude, des carrés de flanelle
sur l'estomac et la poitrine pour le réchauffer en
se mettant au lit.

« Ce ne sont pas ceux-là que je veux, déclara-t-il,
et, à mesure qu'on lui en montrait d'autres, il les
refusait, indiquant nettement le morceau disparu.
Il n'y avait plus moyen de cacher le vol, car l'homme
de Dieu savait qu'un don était sorti de lui, comme
Notre-Seigneur au toucher de sa robe.

« Tremblant de peur, je m'approche de notre père
et je lui dis bien bas : Pardon, le linge que vous
demandez, je l'ai pris pour votre fille, car... Il
m'arrêta à ces mots et, prenant lui-même un autre
linge, il me le remit, en m'ordonnant de porter
tous les deux à la basilique Saint-Étienne sur l'autel
eucharistique. Demain matin, conclut-il, vous en
donnerez un à la personne qui vous l'a demandé et
vous me rapporterez l'autre. Je fis ce qu'il m'avait
prescrit : il ne réclama jamais plus rien ni ne voulut
savoir la destination de son envoi.

« Cependant Agretia, impatiente de recevoir ce que
je lui avais promis, cherchait du regard mon arrivée.
Dès qu'elle me vit de loin, elle courut à ma rencontre, les mains tendues et, m'arrachant avec une

joie ardente ce petit linge précieux, elle le couvrit
de baisers, puis le posa dévotement sur sa poitrine.
Ce fut alors, d'après son aveu, comme une eau qui
rafraîchissait tout son corps, et un tremblement
dont ses membres restèrent secoués. Mais, par la
miséricorde divine, l'infirmité cessa à l'heure même
et pour toujours. La parole du Sauveur s'accomplit
en toute vérité : Va, ma fille, qu'il soit fait selon ta
foi [1] ! »

Cependant les États francs s'agrandissaient toujours et faisaient successivement tomber barrières et
desseins politiques des empires vivant à côté. La Thuringe d'abord (530) et ensuite la Burgondie (532)
domptées, les Francs s'avancent jusqu'à Vienne et
menacent la Provence.

Libère les arrête pour un temps. Amalasonthe,
fille du plus grand roi des Barbares, Théodoric, ne
comprenant pas qu'il fallait prolonger le gouvernement de cet habile défenseur de la patrie à Arles,
préfecture des Gaules, le rappela pour diriger les
affaires d'Orient (533). C'était une faute grave. Elle
s'ajoutait à tant d'autres causes de dissolution intérieure que la monarchie ostrogothe devait en suc-
comber. Athalaric, en effet, est enlevé tout jeune à
l'empire, par suite de ses mauvaises mœurs (534).
Sa mère Amalasonthe épouse l'indigne Théodat qui
la fait étrangler (535). Bélisaire, général de Justinien,
se jette sur l'Italie avec de nombreux soldats : c'était
l'heure décisive pour la race franque.

L'armée ostrogothe, qui occupait la province de
Gaule, aurait pu barrer le passage et livrer bataille ;
mais le duc Marcias, chef de cette armée, traversa

---

1. Lib. II, cap. 1, 11, 12.

les monts, courant aux ordres de Vitigés, devenu roi (536). L'attention des Goths se concentrait en Italie; dès lors rien de plus facile que la conquête de la Provence, si longtemps convoitée.

Au partage que firent entre eux les rois francs, Arles tomba dans le lot de Childebert. Ce prince prit immédiatement possession de la ville et, pour plaire à ses nouveaux sujets, renouvela les usages romains. L'an 538, il présida même les jeux équestres dans le cirque de la Roquette et fit frapper à son effigie des monnaies qui se trouvent encore aujourd'hui.

Pendant son séjour à Arles, dit Lalauzière, ce roi s'amusait beaucoup au plaisir de la chasse et, comme il rencontra, un jour, dans la montagne, plusieurs anachorètes qui vivaient dans les bois, il s'empressa de les rassembler au monastère de Montmajour [1].

Le nouveau souverain se conforma aux coutumes des anciens maîtres pour l'administration civile. Rien ne parut changé à la préfecture, auprès de l'aristocratie, et des sénateurs, dans les titulaires des fonctions locales.

Quant à la religion catholique, elle reçut avec allégresse la domination des successeurs de Clovis. On pense bien que Césaire ne fut pas le dernier à se réjouir de cet événement. La province vivait en paix sous Théodoric; mais, le monde officiel étant arien, on n'était jamais à l'abri des menaces. Maintenant l'Église d'Arles pouvait être tranquille. Il n'y avait que des faveurs, des protections et des munificences à attendre. C'était un immense soulagement après tant d'années de suspicion, de craintes et de persé-

---

1. *Abrégé chron. de l'Histoire d'Arles.*

cntions. En mettant sous les yeux du lecteur les quelques lignes consacrées par la *Vita* au caractère de Childebert, on jugera de l'enthousiasme ressenti, en Arles, pour le changement de régime politique.

« Le très glorieux Childcbert règne aujourd'hui chez nous au nom du Christ et nous sommes soumis avec bonheur à sa loi. Dieu n'a pas permis que les Arlésiens restassent plus longtemps sous le joug hérétique, et les Visigoths comme les Goths sont passés de nation à nation pour aller au loin vers d'autres peuples [1].

« Par la bonté de Dieu, dans la paix et le calme de la cité, les Arlésiens ont vu enfin arriver le règne très catholique de Childebert. Honneur à ce prince aimé du Christ et plein de vertus. Sous son égide, les prêtres du Seigneur ne vivent plus dans le tremblement, mais ils s'appliquent, dans la liberté, à faire fleurir la paix, l'humilité, la charité. De cet état de choses Césaire est ravi. Ses derniers jours sont des jours heureux, parce qu'ils ont vu le triomphe de la religion en toutes les églises de la Gaule [2]. »

1. Lib. I, cap. III, 24.
2. Lib. II, cap. IV, 32

# CHAPITRE VIII

Le mouvement d'organisation des conciles, sus-
cité par Césaire, se continua dans toute la Gaule
après la célèbre réunion d'Agde du mois de septembre 506. Orléans vit la majorité de l'épiscopat de
Paris à Bordeaux s'assembler, sous la protection de
Clovis, en 511 ; Epaone (517) compta plus de trente
chefs d'églises groupés sous la présidence du métropolitain de Vienne. Parmi la série des suscriptions nous
relevons, à la suite d'Avitus, celles des évêques d'Avignon, de Tarentaise, de Vaison, de Lyon, de Genève,
d'Octodure (Valais). 
Dès que l'occasion parut favorable, Césaire ne
manqua pas de convoquer ses suffragants. N'ayant
pu réaliser son vaste projet de Toulouse, il se conforma aux événements politiques et essaya d'en ti-
rer tout le profit possible.
« Dieu a permis que plusieurs évêques se soient
trouvés dans la ville d'Arles pour fêter la dédicace
de l'église Sainte-Marie. Et il leur a paru convenable
et bon de s'occuper de l'observation des canons et

9.

de régler certains points de discipline ecclésiastique, de porter toute leur sollicitude sur les clercs de la province[1]. »

C'est ainsi que débute la rédaction du IV<sup>e</sup> concile d'Arles. tenu le 6 juin 524. On s'est demandé quelle était cette église de la Sainte Vierge? Les uns ont pensé à la Major actuelle et Saxi, dont les recherches sur Arles méritent attention, le croit, non sans en donner les motifs. Le chanoine Bernard admet qu'il s'agit d'un sanctuaire inconnu[2], tandis que d'autres historiens identifient cette basilique de Sainte-Marie avec l'église du monastère des religieuses aux Alyscamps[3].

Des faits que nous rencontrons dans le courant de cette histoire, prédications et surtout vocables d'églises, une constatation s'impose : c'est que le culte de la Sainte Vierge était florissant à cette époque.

Une remarque à faire sur les signatures des Pères du concile, c'est la représentation de la rive droite de la Durance. Les évêques de Cavaillon, d'Apt, d'Orange, de Carpentras, de Trois-Châteaux prouvent par leur présence que Théodoric avait pris possession de ce pays. Césaire montra un grand empressement à y faire acte d'autorité aussitôt que les Burgondes furent partis.

Parmi les coprovinciaux les plus en vue, citons Cyprien de Toulon, le bras droit du métropolitain et son favori. Sa science, sa profonde doctrine, sa piété, son dévoûment rendaient le disciple indispensable au maître. Durant toute sa longue vie, il

---

1. Sirmundus, *Concilium Arelatense IV.*
2. *La basilique primatiale de Saint-Trophime*, par Bernard.
3. Cf. *Vita*, lib. I, cap. IV, 44. — *Præfat. conc. Arel. ad dedicationem basilicæ S. Mariæ in Arelatensi civitate...*

sera à côté de lui pour le secourir et lui apporter des consolations. Encher d'Avignon, que la *Vita* nous a déjà fait connaître si édifiant, appose sa signature le dernier, « évêque au nom du Christ ». Les treize évêques et les quatre délégués réunis à Arles rédigèrent seulement quatre canons, roulant tous sur la même matière des ordinations. Cet examen tout spécial est l'indice d'un état, d'un besoin, d'une préoccupation qu'il convient d'étudier un instant. Césaire a donné principalement son attention au clergé, parce que le recrutement de celui-ci était alors un point capital pour l'Église.

« Que les importuns ne viennent pas fatiguer les évêques et les solliciter à transgresser les règles de la discipline ! Il est défini de nouveau qu'il ne sera ordonné aucun diacre avant l'âge de vingt-cinq ans et aucun prêtre ni évêque avant celui de trente. Les anciens statuts imposaient de longues épreuves avant les ordinations, mais, le nombre des églises augmentant, il est nécessaire de multiplier les clercs. Cependant aucun métropolitain ne donnera la consécration épiscopale ni aucun évêque les ordres majeurs sans que la conversion date d'une année entière[1]. »

A n'en pas douter, devant un pareil texte, les patrons et les possesseurs de riches domaines essayaient de forcer la main aux évêques pour faire ordonner des sujets qu'ils destinaient aux cures de campagne. A mesure que les églises s'élevaient de terre, arrivaient souvent du même coup les ressources et les propositions de candidats aux bénéfices. C'était un progrès assurément de voir la religion sortir de la cité où se tenaient l'évêque et tous les services dépen-

---

1. Can. 1 et 2.

dant de lui. Avec joie les successeurs des Apôtres propageaient cette marche en avant de l'Évangile au milieu des forêts et des plaines, dans les cantons ruraux et les bourgs infectés encore de paganisme. On se figure le travail de pénétration chrétienne dans notre Gaule au vᵉ et au vɪᵉ siècle, en lisant et comparant les annales des missions contemporaines parmi les infidèles. Moins il y avait d'évêchés, plus lente était l'extension catholique. A proportion de la proximité des sièges ou des communautés religieuses, se multiplient les conversions. Voilà pourquoi Césaire est heureux d'envoyer des colonies de clercs s'établir à demeure au centre des agglomérations de la campagne. Il s'intéresse aux paroisses constituées et à celles qui se forment; il favorise les chapelles domestiques des grands seigneurs vivant dans leurs immenses villas. Cependant ce qu'il exige pardessus tout, c'est une vie absolument sacerdotale. Ah! le clergé de la campagne, combien l'évêque d'Arles l'a aimé! Quelque chose de cette prédilection jaillit des lignes sobres de ses canons. Néanmoins nous verrons bientôt mieux le cœur du père dans ses homélies aux paysans. Là, il semble qu'il vit comme eux, tant son observation est juste, incisive et son œil simple. Visites pastorales fréquentes, précis d'instructions communiquées aux prêtres, zèle catéchistique, distribution de ressources : en tout, Césaire est un apôtre. Nous ne croyons pas que quelque évêque l'ait dépassé dans son idéal et dans ses réalisations. Selon M. Malnory, personne après saint Martin n'a poussé à ce point la diffusion des pratiques religieuses dans la campagne[1].

---

1. *S. Césaire d'Arles,* par Malnory, p. 135.

Cependant il ne suffisait pas de faire de bons statuts, il fallait des sanctions. « Quiconque ordonnera un clerc contrairement à ce qui est défini sera privé de célébrer la messe durant un an et, s'il refuse de se soumettre à cette sentence, il sera séparé de la communion de ses frères. »

Il se trouva un évêque infracteur. Ce fut Agræcius d'Antibes. Son cas était très difficile et on ne pouvait l'excuser, car le prêtre Cataphronius, au nom d'Agræcius lui-même, avait adhéré au concile et signé tous les décrets.

Césaire ne recula pas devant l'application des règles. Malgré l'âge avancé du délinquant, il le somma de venir s'expliquer à Carpentras. Le concile qui fut réuni en ce lieu siégea le 6 novembre 527. Seize évêques répondirent à l'appel du métropolitain. Malheureusement celui d'Antibes ne vint pas et ne se fit pas représenter. C'était aggraver la faute et provoquer une condamnation. Craignant de ne plus pouvoir empêcher les infractions à l'avenir, si celle-ci n'était réprimée, Césaire fulmina la sentence.

Après avoir souscrit un canon — le seul de la réunion — touchant la manière d'administrer les revenus des paroisses, les biens des succursales et le respect dû au clergé desservant, les seize évêques signèrent la lettre destinée à leur collègue Agræcius [1].

« Vénéré frère dans le Seigneur, votre devoir était d'assister à notre synode pour rendre compte de votre conduite au sujet de l'ordination en litige. Si vous l'aviez fait, si vous vous étiez expliqué, tout se serait vraisemblablement arrangé. Mais non,

---

1. Sirmundus, p. 213.

vous bravez vos collègues et vous violez la loi. Cette
double faute ne peut rester impunie. C'est pourquoi
Protadius, que vous avez ordonné en infraction des
canons, et vous-même subirez une égale sentence :
d'un an vous ne célébrerez pas la messe. Il est juste
d'observer ce qui a été résolu en concile avec l'aide
du ciel. Comment pourrait-on respecter, dans le
clergé et le peuple, nos ordonnances épiscopales, si
la loi est violée par ceux qui la font ? »

La peine imposée était dure et nouvelle dans la
discipline ecclésiastique, mais ce qui la fait sentir
plus vivement encore, c'est le ton sec, bref de la
communication. On voit que Césaire est froissé, et
la lettre au Pape Félix IV pour lui expliquer cette
affaire dut être à l'avenant, si nous en jugeons par
la réponse de Rome [1].

La région de Carpentras, si riante avec le décor
du Mont Ventoux et l'allure de jeunesse que donne
le voisinage d'une campagne verte, fertile, embau-
mée, dut plaire à l'évêque d'Arles. Il retrouvait dans
la ville du *Forum Neronis* quelques-uns des monuments de sa métropole. A côté de la basilique se
dressait l'arc triomphal, rappelant par ses captifs
et ses poignards, sa cuirasse et son double faisceau
de lances, la victoire des légions sur les Barbares
aux braies collantes [2]. Ce monument autrefois élé-
gant, si abîmé de nos jours, faisait un cadre somp-
tueux à la basilique mérovingienne où se tint le
concile. Il serait à désirer que la cathédrale de Saint-

---

1. Sirmundus, p. 224.
2. L'arc de Carpentras est aujourd'hui enclavé dans la cour
de l'ancien palais épiscopal qui touche la cathédrale Saint-Sif-
frein. Il est probablement de la même époque que celui d'O-
range.

Siffrein, assise sur des ruines, eût l'avantage d'être fouillée jusqu'au sol antique. On ne la visite pas sans émotion pour y découvrir les traces de l'assemblée de 527, sous le consulat de Mavortius. En dehors des murs de la nef droite, côté de l'Évangile, la porte latérale franchie, on aperçoit comme la signature archéologique du haut moyen âge. Rien de plus vénérable que l'emplacement de ce cloître disparu, rien de plus sacré que le petit passage séparant les prisons actuelles de l'église primitive! C'est là que Julien, évêque de Carpentras, a conduit ses hôtes, là qu'ils ont tous prié, délibéré, statué de se réunir à Vaison, le 6 novembre de l'année suivante.

L'homme propose, Dieu et les événements disposent. Ce n'est pas à Vaison que le concile projeté se tint, mais à Orange; ce ne fut pas l'an 528, mais l'an 529; enfin on n'y traita pas de questions disciplinaires, mais du dogme.

Depuis longtemps Césaire était préparé à ce combat. Ses lectures quotidiennes de la Sainte Écriture et de saint Augustin lui avaient rendu familière la doctrine de la foi. Pomérius et ses relations avec les Papes complétèrent son fonds sur la question de la grâce.

A la mort de saint Avitus de Vienne, survenue le 5 février 518, Jean, qui lui succéda, chercha à reprendre sur l'adversaire une partie du terrain conquis.

C'est alors que Césaire multiplia son activité con-

---

1. « *Placuit custodiri, ut sequenti anno, in vico Vasensi, octavo idus novembres debeat concilium congregari.* » Concilium Carpentoractense.

ciliaire précisément sur la partie de la province de Vienne détachée du royaume des Burgondes, au nord de la Durance.

S'il ne fallait songer à combattre directement les décrétales de Symmaque, n'était-il pas, du moins, possible d'essayer une diversion sur les vieilles querelles de la grâce et d'infliger au primat une condamnation d'hérésie? Par un renversement des rôles qu'expliquent le moment et les changements de situation, Vienne, dit M. Lejay, allait, sans le nommer, reprendre la cause de Fauste. Pensant qu'un concile tenu à Valence lui serait favorable, Jean n'hésita pas à l'y convoquer [1]. C'était une illusion et une maladresse.

Chose curieuse, les biographes primitifs, qui ont passé sous silence tous les conciles présidés par Césaire, racontent les détails de celui de Valence où leur maître ne vint pas.

Le récit est tellement suggestif qu'il est impossible de l'omettre, malgré ses imprécisions. « Beaucoup de rivaux, disent-ils, s'élevèrent contre lui pour résister à sa doctrine de la grâce [2]. Heureuse émulation! Des murmures et des mauvais propos de certaines gens répandent en Gaule une sinistre suspicion à l'égard de la prédication de l'homme de Dieu. C'est pourquoi les évêques du Christ situés au delà de l'Isère, unis par les liens de la charité, s'assemblent dans la cité de Valence. A cette réunion le bienheureux Césaire se disposait à venir, lorsque son infirmité habituelle l'empêcha. Cependant il

---

1. *Revue d'histoire et de littérature religieuses*, année et t. X, p. 245, 250.

2. Ces personnalités n'étaient pas anonymes, Boniface nous dit que ce furent des évêques — *aliqui episcopi Galliarum...*

envoya les plus éminents des évêques avec des prêtres et des diacres. Parmi eux, brilla saint Cyprien
de Toulon, évêque remarquable et illustre. Dans les
discussions, sa parole, s'appuyant sur les divines Écritures et les antiques institutions des Pères, prouva
que personne ne peut de soi-même faire aucun
progrès dans la divine perfection s'il n'a d'abord
été appelé par la grâce prévenante de Dieu. Il ajouta
que l'homme ne retrouvera une volonté vraiment
libre que s'il est racheté par l'action libératrice du
Christ. C'est ce qui lui fera atteindre l'effet de la
perfection. Dieu a dit : Sans moi vous ne pouvez
rien faire. C'est moi qui vous ai choisis et non vous.
Tout bien vient de Dieu. Je suis ce que je suis par
la grâce de Dieu. C'est Dieu qui donne la grâce et
la gloire.

« De ces propositions l'homme de Dieu rendit un
compte vrai et évident, fondé sur la tradition apostolique. Au surplus, Boniface d'heureuse mémoire,
Pape de l'Église romaine, informé de ce conflit, ré-
prima énergiquement les accusateurs et confirma de
son autorité apostolique la sentence de Césaire.

« Ainsi, grâce au Christ, les chefs des églises acceptèrent peu à peu ce que le diable avait souhaité
de détruire par une soudaine animosité [1]. »

Toute cette affaire est confusément présentée par
les hagiographes. Un peu de critique nous amène à
conclure que l'évêque d'Arles ne dut pas sortir
entièrement victorieux de la discussion. Il en rendit
compte à Rome.

A ce moment, Félix IV gouvernait l'Église. Il était
bien éloigné de se ranger aux idées de Fauste,

_____
1. Liber I, cap. v, 46.

que soutint la réunion de Valence. Le mémoire
théologique adressé au Pape par Césaire et renfer-
mant les points de doctrine qu'il voulait faire
décider nous a été transmis. Labbe l'a publié d'a-
près un manuscrit de Saint-Maximin de Trèves[1].
Il porte le nom de *Capitula sancti Augustini in
urbem Romam transmissa*. Les idées, en effet, sont
de ce docteur et souvent les expressions, mais tout
cela est habilement compilé.

Sous la forme brève de canon, le manuscrit césarien retourna de Rome à Arles modifié et tout
prêt pour un concile.

Césaire, ayant son document en mains, convoqua
ses collègues. Ce fut à Orange, sur les confins de sa
province et dans le voisinage de la juridiction de
Vienne.

Beaucoup d'auteurs ont placé le concile d'Orange
avant celui de Valence, dont les décisions nous manquent; mais les raisonnements de M. Lejay nous
semblent fort en faveur de la postériorité. « Cette
hypothèse, dit-il, était nécessaire, lorsqu'on voyait
dans Césaire un partisan modéré des idées augustiniennes. Or la découverte de l'opuscule par dom
Morin[2], l'étude des sermons, le rapport établi entre
la décrétale d'Anastase II et les débuts théologiques du saint, prouvent qu'il a été jusqu'au bout
du système et qu'il n'a jamais cessé de le prêcher
durant sa longue carrière. C'est l'incident nécessaire
qui montre pourquoi Césaire a voulu codifier les
idées augustiniennes à cette date et non à une autre, et pourquoi il a pu supporter quelques atténua-

---

1. Mansi, t. VIII, col. 722-724.
2. Capitula Sanctorum Patrum. *Revue bénédictine*, t. XXI.

tions.... Hefele a eu raison de mettre Valence avant Orange[1] ».

Au commencement de juillet 529, arrivèrent donc à Orange quatorze évêques, Césaire en tête. La première chose qui frappa leurs regards en entrant dans la ville, ce fut l'arc de triomphe. Il demeurait intact, campé sur la voie antique et montrant sa face majestueuse aux trois portes d'ordre corinthien. Ce joyau de la Gaule, contemporain de l'ère chrétienne, avec sa mêlée de cavaliers romains et gaulois, ses victoires aux couronnes de bronze, ses trophées d'armes décorés de trompettes et de casques, pourrait être comparé aux plus beaux monuments de Rome.

Le mur du théâtre, qui n'a peut-être pas son pareil en Europe, dominant toute la ville comme une haute tour de castrum, attirait l'attention de tant de voyageurs. Cet immense théâtre, d'ailleurs, adossé à la pente de la colline, touchait presque à la basilique. Libère, Préfet des Gaules, avait fait bâtir ce sanctuaire et en demandait la dédicace, suivant l'usage gallican. C'est à cette occasion que s'assemblèrent les Pères d'Orange.

Le prologue du concile s'exprime ainsi : « Étant venus à Orange pour la consécration de la basilique édifiée par Libère, notre fils très pieux, nous eûmes une conférence spirituelle entre nous sur les matières des règles ecclésiastiques. Il parvint à notre connaissance que certaines gens, par simplicité, ont des opinions peu sûres et en désaccord avec la foi catholique, touchant la grâce et le libre arbitre. Aussi, suivant l'avis et l'autorité du siège apostolique, il

---

1. *Revue d'histoire et de littérature religieuses*, t. X, p. 247, note.

nous a paru juste et raisonnable de publier et de souscrire un petit recueil de propositions à nous transmises par le Saint-Siège et tirées des Saintes Écritures par les anciens Pères. Ces propositions serviront à instruire ceux qui ne pensent pas comme l'Église sur cette matière et à incliner vers elle, sans retard, leur esprit d'adhésion catholique ».

Le concile d'Orange **a** fait beaucoup de bruit dans le monde. Son importance vient de deux causes. C'est le premier en Gaule qui ait rendu une décision en matière de foi et sa valeur de créance, par le fait de la sanction papale, est celle d'un concile œcuménique. Il a tranché d'une façon définitive la grosse querelle de la grâce qui durait depuis plus d'un siècle.

En cette question si controversée, le tempérament de la miséricorde et non du fatalisme, la bonté première de Dieu et le stimulant de la grâce sur le vouloir personnel, voilà qui inclinait Césaire vers la vérité dogmatique.

Incontestablement il a été éclectique, prenant intelligemment de son maître Fauste, que les Africains ont attaqué avec fougue, de Fulgence, l'éloquent évêque de Ruspe, de son auteur préféré, saint Augustin.

Comme les discussions ardentes, passionnées entre les Africains et les Gaulois se rouvraient malgré la direction romaine, et que la reviviscence des idées semipélagiennes entamait de nouveau la pacification de sa province, s'acharnait même contre sa personne, Césaire jugea prudent, de concert avec le Saint-Siège, d'arrêter ce mouvement dangereux.

Les évêques d'Aix, d'Avignon, de Carpentras, de Gap, de Toulon, de Cavaillon, d'Apt, d'Orange, de Vaison, de Saint-Paul-Trois-Châteaux, de Fréjus assistèrent donc à la cérémonie religieuse et, l'église de Libère consacrée, prirent séance.

Ils n'eurent pas la peine de délibérer longtemps. La lecture finie, ils apposèrent leur signature sur le parchemin préparé, en ajoutant : « J'ai relu, je consens ».

A leur suite, Libère, Préfet des Gaules et patrice, « signa les décrets avec sept officiers illustres », dont les noms terminent le document conciliaire. Quoique purement honorifique, la présence de ces laïcs puissants devait donner plus de prix à la réunion épiscopale. Citons-les dans l'ordre où ils figurent : Syagrius, Opilio, Pantagathus, Déodatus, Cariatto, Marcellus, Namatius.

Les canons du concile sont au nombre de vingt-cinq. Si on les compare avec les *capitula* de Césaire, on peut apprécier le rôle du Pape et celui de l'évêque. Écartant ce rapport, tenons-nous-en à l'énoncé succinct de la doctrine.

Il y a d'abord huit sentences en forme de canons. Les deux premières confirment les principes catholiques sur le péché originel et la nécessité générale de la grâce. Passant immédiatement aux points spéciaux, les quatre suivants répondent aux semipélagiens. Dans le septième, on explique l'impuissance des forces naturelles pour parvenir au bien du salut ; et le huitième condamne certaines théories du libre arbitre appliquées à la grâce du baptême.

Ces condamnations d'erreurs n'étant pas reconnues suffisantes à Rome, le Pape fit ajouter seize propositions du recueil formé par Prosper des *Sententiæ* de saint Augustin[1]. Ces extraits ont pour titres : le secours

---

1. P. Lejay, *op. c.*, p. 257.

divin, le mérite de l'homme, l'infirmité du libre
arbitre, la miséricorde de Dieu, la source de la vertu
chrétienne, le rôle de la grâce, l'amour de Dieu, la
nature et la grâce, l'obligation des vœux, la volonté
de Dieu et de l'homme, les sarments de la vigne, etc.

Pour donner un peu de vie à ces sentences et les
rendre plus pratiques, Césaire les a quelquefois modi-
fiées, comme celles où il est dit de ne pas se lasser de
demander l'aide de Dieu et d'opérer de bonnes actions.

Enfin, comme si toutes ces additions ne suffisaient
pas, Césaire ajouta une longue formule de profession
de foi, qui est un acte d'ardent amour. Il y affirme
l'affaiblissement du libre arbitre et répudie avec
horreur toute solidarité avec ceux qui enseignent
la prédestination au mal, s'il en est. « Oui, à ceux-
là, au cas où ils existent, je leur crie de toutes mes
forces : Anathème. Il est manifeste que, dans toute
œuvre bonne, l'initiative vient de Dieu sans aucun
mérite de notre part : il inspire la foi et l'amour, et
par son secours nous pouvons lui plaire ensuite.
Tous les baptisés ont le pouvoir et le désir de faire
leur salut en donnant leur concours à la grâce du
Christ. »

Tel fut le formulaire de doctrine souscrit à Orange :
éloquent et précis, il est en même temps modéré
quant aux personnes et très net sur les principes.
Pour le faire accepter comme émanant de Rome, il
fallait une pièce authentique. Des messagers partant
de Provence coururent vers Félix IV et sollicitèrent
sa sanction explicite. C'est Boniface, l'homme de
confiance et l'archidiacre du Pape, qui les reçut.
Félix IV étant mort le 20 ou le 22 septembre 53o[1],

1. *Liber Pontif.*, LVII.

le *Liber Pontificalis* nous parle des protestations et des désordres même qui éclatèrent contre la prétention de transmettre le siège pontifical comme un héritage. Boniface II, désigné par le défunt, eut un rival dans Dioscore, qui décéda le 14 octobre suivant. Les incidents du nouveau pontificat ont pu retarder l'approbation du concile. La lettre qui confirme les définitions d'Orange est seulement du 25 janvier 531[1]. Sirmond la place après le texte du concile et Maassen publie une note, du ms. de Saint-Maur, qui est attribuée à Césaire. « Quiconque, y est-il dit, croit autrement que la décrétale de Boniface II et du concile d'Orange touchant la grâce et le libre arbitre, est en contradiction avec le Saint-Siège et l'Église catholique[2]. »

Césaire avait atteint son but. En fermant l'interminable controverse gallo-africaine, il avait soulagé les esprits et tourné les cœurs vers Rome. Sa foi dans l'autorité du Pape est une des caractéristiques du saint évêque, aussi bien que son goût pour la codification des croyances. Ce qui est frappant dans cet homme simpliste, si ferme, si vigoureux, c'est l'accent de sa tendresse. Même dans un formulaire sec, abstrait, comme celui des canons d'Orange, il prend un ton humain, accessible aux délicats sentiments de la psychologie mystérieuse de la religion.

Orange, qui possède de si beaux édifices anciens et des souvenirs si nombreux des vétérans de la deuxième légion, n'a conservé aucun débris de la basilique libérienne, car il serait difficile de recon-

---

1. Sirmundus, p. 223.
2. Maassen, *Concil.*, p. 45-46. — *Revue bénédictine*, XXI.

naître, en un coin de la sacristie de la cathédrale, quelque chose d'authentique rappelant ce lointain passé; toutefois une inscription commémorative du concile de la grâce a été posée vers le milieu du siècle dernier sur le fronton du portail occidental de Notre-Dame.

Vaison, où Césaire réunit ses coprovinciaux, quelques mois après, c'est-à-dire en novembre 529, est bâtie sur l'Ouvèze. Florissante depuis la période massaliote, cette ville prospéra davantage avec les Gallo-Romains. Rien ne manque aux beaux spécimens de la civilisation de Rome : depuis le théâtre jusqu'aux carrefours ornés de statues, fréquentés par les collèges d'artistes ou les familles sénatoriales, tout y parle de splendeur[1]. Mais c'est vers l'église de Notre-Dame, par-dessus le cirque, les temples, le musée en plein air de ce *vicus*, que nous appellent les onze évêques conduits par Vindemiale et présidés par Césaire.

Ici le ravage des siècles et la main criminelle des hommes ont fait moins de mal qu'à Carpentras, Arles, Orange, Agde, d'où nous venons. Malgré le mystère troublant qui plane presque toujours sur l'attribution d'édifices datant de si loin, alors qu'ils ont été remaniés plusieurs fois, il semble que certaines colonnes de l'abside sont mérovingiennes. Vues de près et prises à part, il y a là des pièces, du moins, qui accusent une époque contemporaine du concile. Et ce n'est pas, nous l'avouons, une des moindres curiosités pieuses que celle de palper la

1. Mosaïques, bains, inscriptions, bas-reliefs de divinités très nombreux nous démontrent la grandeur de Vaison à cette époque.

table d'autel de la chapelle de la Vierge, ornée de pampres qui sortent d'un vase et montrant le chrisme accosté de l'α et de l'ω. L'attrait de ces vestiges respectables et de leur étude intéressante doit pourtant céder la place au document conciliaire.

La préface nous apprend qu'on fit la lecture des antiques règles des Pères et qu'on ne se trouva en présence d'aucun manquement à ce sujet. En sorte que l'assemblée s'entretint de perfection spirituelle, de charité et, sous l'inspiration de Dieu, définit cinq canons.

Le premier est relatif au recrutement et à la formation du clergé. Nous avons vu que les paroisses étaient organisées et que les desservants avaient toute la sympathie du zélé métropolitain. Pour eux, pour leur vie admirable et si méritoire dans leur isolement, Césaire s'était épris de libéralités et d'attentions de toutes sortes au point de vue surnaturel et matériel.

Maintenant, adaptant aux villages ce qui se passait près des cathédrales, il invite les curés à créer des écoles presbytérales. « Tous les prêtres qui sont placés à la tête des paroisses, dit-il, imiteront l'usage italien, et prendront avec eux les jeunes lecteurs pour leur donner assidûment l'instruction. Ils se comporteront avec leurs élèves comme de bons pères spirituels, les nourrissant de la science divine, les préparant au chant des psaumes, les instruisant sur la loi de Dieu. De la sorte ils auront formé de dignes continuateurs et mérité la récompense éternelle. »

Ce moyen de susciter des vocations au sein du clergé paroissial, de conserver le niveau intellectuel, de préparer de loin un sacerdoce de choix était une idée très heureuse. Elle réussit encore même de nos jours et produit des sujets aussi bons que nombreux.

Dans le second canon, Césaire mit fin au monopole de la prédication qui était exercée par les évêques seuls. Il attribue ce droit aux prêtres et, en cas d'empêchement de leur part, il autorise les diacres à faire aux fidèles la lecture d'une homélie. Puisqu'ils sont jugés dignes de lire l'Évangile, à plus forte raison peut-on leur permettre de lire les écrits des Pères.

Cette question de la prédication ainsi établie demande quelques rapprochements pour l'éclairer. En Gaule, l'usage, l'ordre même était d'interdire la chaire aux prêtres. Rome, préoccupée de la sûreté de la doctrine, ne voulait pas qu'on portât, sans préparation, des opinions hasardées sur le dogme et en particulier sur la grâce. De ce chef, l'ignorance menaçait de gagner les fidèles. Car, d'une part, les bons évêques ne pouvaient suffire à évangéliser tout un diocèse, surtout quand il était immense comme celui d'Arles, et d'autre part certains prélats s'occupèrent plus de leurs terres que de leurs ouailles [1]. Les petites circonscriptions épiscopales d'Italie ou d'Afrique, très multipliées, souffraient moins de cette mesure, mais l'intérêt des diocèses gaulois exigeait plus d'indépendance. A Césaire revient l'honneur, la hardiesse, l'initiative pieuse d'avoir vulgarisé la prédication et dissipé l'ignorance qui tendait à s'accumuler, soit parmi les fidèles, soit parmi les prêtres, soit parmi les évêques.

Le chapitre suivant achèvera de nous renseigner

---

1. « ... *Pontifices qui agros possunt ordinare vel colere multi inveniuntur; qui vero animarum pabulum providere valde pauci et rari.* » Admonition de saint Césaire, publiée par M. Malnory, Appendice.

sur le devoir et la pratique de l'instruction chrétienne, trop négligée par les dignitaires de l'Église.

Par le quatrième canon, il est prescrit de faire mémoire à la messe du Pape régnant, et ceci nous prouve bien les dispositions dont Césaire était animé à l'égard du Saint-Siège.

Enfin, le cinquième canon, visant les ariens, est ainsi conçu : « D'accord avec Rome, l'Orient, toute l'Afrique et l'Italie, on récitera le *Gloria Patri* et le *Sicut erat* à la fin de chaque psaume, cantique ou verset ».

Le dernier des conciles provinciaux de Césaire regarde une affaire de mœurs. Il se tint à Marseille le 26 mai 533. Depuis très peu de temps Auxanius était évêque de cette grande ville, sur laquelle s'étendait la juridiction métropolitaine d'Arles.

Sans doute, le primat profita de l'installation récente d'Auxanius pour nouer des relations amicales avec lui, et imprimer à ce diocèse la direction donnée précédemment aux autres parties de sa province.

Un fait miraculeux de la *Vita* trouve ici sa place. Il eut lieu à Marseille « à l'occasion d'un voyage du saint », peut-être pendant le cours de cette visite synodale, sans qu'on puisse l'affirmer. La dame riche et pieuse qui en fut l'objet souffrait d'une luxation ancienne au pied. C'est avec peine que ses serviteurs la portaient à l'église pour y rendre ses devoirs à Dieu. Mais la miséricorde du ciel est infinie. Apprenant que le saint évêque était à Marseille, la malade se rendit près de lui pour le saluer. Lui ayant demandé le secours de ses prières et sa bénédiction, elle se retira sans oser exprimer son désir. Cependant, mue par sa foi profonde, elle demanda la permission de s'approcher du cheval de Césaire et, prenant la

couverture de la selle, en enveloppa religieusement
son pied luxé. La guérison fut instantanée et l'heureuse dame, sans l'aide d'aucun de ses domestiques,
retourna dans sa demeure glorifiant la puissance de
Dieu [1].

Marseille, que l'épigraphie et l'archéologie nous
montrent évangélisée aux premiers âges, était peu-
plée de chrétiens illustres au moment où Césaire y
réunit quatorze de ses suffragants et Valentin, abbé,
délégué de Fylagrius.

Certes, écrit Prosper d'Aquitaine, « les serviteurs
de Dieu résidant en cette ville sont des gens très
considérés et très distingués dans l'exercice de toutes
les vertus ». Plusieurs de ses ascètes, en effet, brillent
au premier rang à l'abbaye de Saint-Victor; l'humble Cannat vient de laisser sur son siège épiscopal
l'exemple de la plus haute sainteté; les inscriptions
des cimetières du Carénage, du Lazaret, de l'îlot de
la Major, témoignent de l'importance sociale du
christianisme aux ve et vi[e] siècles.

Mais de ce concile, tenu probablement à la cathédrale si vénérable de Notre-Dame de la Major, où
tout nous parle encore d'antiquités [2], où tout nous
proclame la marche en avant du christianisme et son
triomphe dans la lutte religieuse, quel était le formulaire? On l'a ignoré durant des siècles. Il ne figure
pas dans les vieilles collections et, jusqu'à ces derniers temps, on ne connaissait que les actes, d'ailleurs
copieux, postérieurs à l'assemblée synodale de Marseille.

La bonne fortune qui élargit toujours davantage

1. Lib. II, cap. ii, 20.
2. *La Major de Marseille et ses antiquités*, par M. Rostan.

l'auréolé de travail, d'honneur, de vertus de notre Césaire, a permis la découverte, à Cologne, d'un précieux manuscrit.

Le docteur Knust le publia dans le *Bulletin de la Société de l'Histoire de France*, et le chanoine Albanès, dans sa *Gallia christiana novissima*, l'a reproduit d'après Maassen. Nous savons donc maintenant, par le procès-verbal, ce qui se passa dans le concile de 533.

Contumeliosus, évêque de Riez, apprécié par ses talents littéraires et promu depuis fort longtemps au siège de Fauste, tomba dans un péché grave contre les mœurs. Les faits étaient patents.

Aussi le coupable, mandé pour s'expliquer devant le tribunal de ses collègues et en face de ses accusateurs, confessa son crime, se prosterna jusqu'à terre et dit, en sanglotant, qu'il avait péché contre Dieu et envers l'ordre pontifical. Prenant acte de cet aveu, le synode, observateur de la discipline ecclésiastique, décréta qu'on reléguerait Contumeliosus dans le monastère de Casensi pour y faire pénitence. Le malheureux consentit à cette peine et, comme il avait aliéné injustement quelques biens de son église, il en fit la restitution sur son patrimoine personnel.

Le jugement du tribunal de Marseille étant promulgué, les évêques se dirent adieu et, de l'Huveaune aux confins de l'Isère, par les routes d'Aix et d'Arles, ils regagnèrent leurs diocèses respectifs.

Dans l'opinion de Césaire la sentence conciliaire rendue à Marseille devait écarter pour toujours le condamné de son église de Riez. Mais il se trouva que son décret était incomplet. Certaines lacunes exigèrent un supplément de procédure. Contumeliosus sortit, audacieux, de son couvent et, en homme

10.

habile, opposa à l'autorité du métropolitain l'autorité souveraine du Saint-Siège. Césaire, sachant les
charges écrasantes contre le coupable, se crut en
droit de continuer à le traiter sans immunité aucune
et ne fit pas assez attention à ce coup de défense
légale. Le Pape Agapet lui reprocha de ne pas avoir
suspendu l'exécution du jugement à partir du jour
où avait été faite l'évocation à un nouvel examen
canonique. Finalement cette affaire, pénible pour
tous, et dont le dénoûment n'est pas connu, attesta
une fois encore l'énergie infatigable de l'homme de
Dieu pour lutter contre la violation de la discipline
et aussi sa soumission totale aux enseignements du
Saint-Siège [1].

1. Sirmundus. — *Epistolæ* (3) *Joannis II.* — *Epistola Aga-
peti ad Cæsarium.*

# CHAPITRE IX

PRÉDICATIONS DE CÉSAIRE. — SON GENRE, SES
AUDITEURS, LE FOND DE SON ENSEIGNEMENT.

Le long épiscopat de Césaire, rempli par une
prédication incessante [1], nous a légué une œuvre
oratoire considérable. Très nombreux sont les sermons qui lui appartiennent, mais aussi combien dis-
séminés, inconnus, faussement attribués ! M$^{gr}$ Fessler, considérant l'imperfection de l'édition des œuvres
césariennes, avait réuni les matériaux d'une nouvelle,
dont l'honneur reviendra à dom Germain Morin.
Les recherches préparatoires de cet érudit, qui tient
la première place dans les travaux de patristique,
paraissent dans la *Revue bénédictine* de Maredsous.
A en juger par les études publiées [2], on devine un

---

1. Lib. I, cap. v, 41 : « *Semper in ecclesia prædicavit.* »
2. *Revue bénédictine*, t. IX, XII : Mes principes et ma mé
thode pour la future édition de *saint Césaire. Ibidem*, t. XIII :
L'Homéliaire de Burchard de Würzburg, contribution à la
critique des sermons de saint Césaire. Six nouveaux sermons
de saint Césaire, etc., etc. — *Ibidem*, t. XVI : Recueil provenant
de Saint-Martial de Limoges, aujourd'hui à la B. N. — *Ibidem*,
t. XXIII (1906), janvier, avril, juillet : Nouvelle série d'inédits, tirée de manuscrits de Reims et d'Épinal, etc.
  Dans t. XXII, D. A. Manser signale un sermon de saint Césaire inséré à la *Concordia Regularum* de saint Benoît d'Aniane.

grand progrès sur celles du savant prélat autrichien.
Depuis de longues années la persévérante activité de
dom Morin a fait surgir beaucoup d'inédit et mis en
meilleur jour ce qui était connu. Il a poursuivi son
enquête non seulement en France et en Italie, mais
dans les provinces d'Allemagne et d'Autriche. « Mes
trouvailles parfois si inattendues, écrit-il, suffisent à
démontrer qu'il y aura toujours chance de trouver
du Césaire inédit, tant qu'on n'aura pas examiné
jusqu'au dernier des recueils homilétiques qui foi-
sonnent dans presque toutes les bibliothèques de
l'Europe.

« Peut-être l'un ou l'autre lecteur, mal préparé
à ce genre de recherches, sera-t-il tenté de se demander comment il peut se faire qu'il existe encore
tant de débris jusqu'ici inaperçus du travail de Césaire, et si je ne cède pas à une sorte de manie, en
prétendant discerner sa marque de tant de côtés à
la fois? Hé bien, non : c'est un fait, que les homélies de l'évêque d'Arles ont dû jouir d'une vogue exceptionnelle, d'abord un peu partout, dans l'Europe
centrale, du vie au xiie siècle, puis dans les milieux
ascétiques du xive au xvie siècle [1]. »

La pratique du furetage, telle que la conseille le
docte Bénédictin, récompense, en effet, même les
plus humbles chercheurs. Quand on a eu la faveur
de voir, de Munich à Cologne ou à Épinal, sur les
bords du lac de Constance et du Rhin, ou à Einsiedeln, près de Zurich, quelques-uns de ces documents
antiques, enfermés dans des volumes à reliure de
bois recouverte de parchemin blanc, on éprouve
une inoubliable émotion. Tant de siècles et de si

---

1. *Revue bénédictine*, t. XXIII, p. 371, 372.

nombreuses mains ont respecté cette belle écriture,
aux caractères vigoureux, qu'il y a je ne sais quoi
de mystérieusement attachant à déchiffrer les lignes
et à comprendre la pensée de nos vénérables prédécesseurs. La provenance arlésienne de ces carrés de
parchemin, de ces *codices* et compilations du plus
haut moyen âge, de ces multitudes d'homéliaires des
*armaria* monacaux s'explique par les fréquents pè-
lerinages des religieux, la renommée de l'évêque
d'Arles, ses envois de recueils dans toute la chré-
tienté [1].

Les Bénédictins de Saint-Maur, dans leur édition
des sermons de saint Augustin, se sont servis de la
plupart des manuscrits que nous retrouvons encore
aujourd'hui en France et à l'étranger. Ils y ont
ajouté des notes très sagaces, çà et là peut-être poin-
tées d'un trop grand scrupule pour restituer à Césaire
ce qui lui appartient [2]. Lorsqu'ils n'ont pas vu son nom
écrit en toutes lettres, quelquefois marqué d'une
couleur rouge ou jaune, comme à Einsiedeln et ailleurs, ils ont fait appel à sa doctrine, à ses considérations ordinaires, à son don d'allégoriser. Avec
les arguments du style particulier, des locutions
personnelles, de la philologie, de l'exorde, de la pé-
roraison, de la récapitulation finale, des travaux per-
sonnels de critique moderne, on en est arrivé à conclure que de nouvelles classifications s'imposaient [3].

---

1. Lib. I, cap. v, 42 : « *Longe tamen positis in Francia, in
Gallia atque in Italia et Hispania diversisque provinciis con-
stitutis transmisit per sacerdotes...* »
2. Cf. *Préface des sermons de saint Augustin.*
Voir Malnory, *Saint Césaire,* xi, xii et s.
*Revue bénédictine,* t. XXIII, p. 26.
3. Cf. Paul Lejay, Arnold, Malnory, dom Morin, dans les
ouvrages précités, Arles, mss. de la Bibliothèque de la ville,

Dans l'espèce, ce travail de critique interne, peu réalisable pour le commun des lecteurs, s'étant largement illuminé depuis les Mauristes, permet de donner sur les écrits oratoires de Césaire une appréciation différente de celles de beaucoup d'historiens antérieurs.

En général, on a été trop dédaigneux de son langage. Sans doute, comme on va le voir incessamment, le style est simple, populaire, rustique, mais devait-il être autrement? Le milieu, l'auditoire aurait-il supporté une plus grande envergure de doctrine sous une forme plus raffinée ?

En homme rompu au labeur de l'instruction religieuse l'évêque d'Arles a le sens de la vie réelle. Ce qu'il dit est facile à comprendre, à retenir. Les masses populaires saisissent ses maximes fixes ; il les leur répète fréquemment, comme font les éducateurs élémentaires, se sert de comparaisons usuelles, prend ses images dans la nature, rend en quelque sorte les vérités palpables et les grave profondément dans le cœur.

N'est-ce pas l'éloquence cela ? L'orateur de la chaire peut-il avoir un autre but que d'instruire et de convertir? Le discours qui change les mœurs et rend meilleurs n'est-il pas plus utile que celui où l'on applaudit l'éloquence naturelle? Assurément, les phrases des rhéteurs flattent les gens cultivés, et l'harmonie des périodes charme les habitués de la littérature gréco-romaine ; toutefois, pour faire la conquête du cœur, le mélange de l'art antique avec les

nos 14 et 15. Bonnement y a laissé, au xviiie siècle, une collection de documents curieux sur Césaire et l'ensemble de ses œuvres qu'il désirait alors éditer.

somptuosités du beau langage ne suffisait pas. Un
christianisme pur, sans influence païenne, touche,
convertit et crée de nouveaux sentiments. Césaire
comprit admirablement l'état social de son milieu
et y adapta ses leçons. Volontiers, il sacrifia à la
clarté, à la conversion des âmes les ornements ac-
cessoires et la réputation d'un lettré.

D'ailleurs, ses discours, que nous allons examiner
attentivement pour mieux le juger, atteignaient soit
les gens de la campagne soit les gens de la ville. Les
uns avaient un degré de culture médiocre, mais le
public arlésien comprenait des catholiques instruits
de leur religion.

C'est pourquoi les homélies sur les mystères du
christianisme et l'interprétation de l'Écriture Sainte
ont une élévation de langage que n'ont pas beaucoup
d'Admonitions.

Saint Augustin est le maître, le modèle par excellence de Césaire. Ce n'est pas qu'il ait méconnu
d'autres Pères de l'Église, Salvien et surtout Fauste,
mais il en revient presque toujours à l'évêque d'Hip-
pone. Il l'a tellement étudié, imité, copié que pendant longtemps on a joint les discours de l'un à
ceux de l'autre. L'évêque d'Arles s'est prêté, sûrement, à cette confusion et, si nous trouvons la plupart de ses sermons parmi les sermons et l'Appendice des œuvres d'Augustin, nous en connaissons la
cause.

Essayons maintenant de donner une courte
analyse des instructions éparses de l'homme de
Dieu.

Nous possédons une série d'homélies pour le carême qui ont pour texte un passage de l'Écriture,
lu à l'office. En venant à l'église, les chrétiens

portaient des lectionnaires contenant l'Ancien et le Nouveau Testament comme aujourd'hui on porte des paroissiens ou des missels.

Ces manuels étaient très répandus et Césaire conseille à tous d'y lire « les lettres divines », qu'il développe selon les procédés de l'exégèse patristique. Cette exégèse considérait avant tout le symbolisme. L'Ancien Testament était l'ombre et la figure du Nouveau, tout ce qui pouvait servir à l'édification était proposé aux fidèles dans des rapprochements dignes d'augmenter leur foi.

En voici un exemple sur le texte de la Genèse : Trois hommes apparurent à Abraham[1]. « Mes très chers frères, s'écrie l'homme de Dieu, je vous ai souvent avertis de ne pas vous arrêter au sens littéral de la Sainte Écriture que vous lisez, mais d'ôter le voile de la lettre pour chercher l'esprit vivificateur. N'imitez pas les malheureux Juifs et les hérétiques, plus misérables encore, qui voient uniquement le corps sans l'âme dans leur lecture des Livres Saints. Nous, écoutons l'Apôtre, qui nous dit : Tout est figure dans les faits de l'Ancien Testament.

« Les trois étrangers qui arrivèrent vers Abraham furent reçus avec le plus grand bonheur. C'était à l'heure de midi, en plein jour. Abraham court au-devant d'eux, les salue, puis s'adresse à sa femme et lui dit : Va, fais cuire du pain blanc et prépare le festin. Et on tue un veau gras, tendre et on cherche des fruits. Toute la maison est sur pied, le maître, la maîtresse, les serviteurs. Personne n'est paresseux dans la maison du sage. Abraham et Sara ont un égal souci des devoirs de l'hospitalité. Voilà comment

1. *Opera S. Augustini.* Appendix, serm. 5.

vous devez être hospitaliers vous-mêmes, mes frères, et imiter l'exemple de ces patriarches.

« Mais ces trois voyageurs auxquels on prépare trois mesures de farine pour trois pains sont l'image de la Trinité des personnes, et le veau tendre et bon symbolise Jésus-Christ qui versa son sang pour nous. Au surplus, Abraham lavant les pieds de ses hôtes nous invite à imiter son acte de charité lorsque nous recevons les pèlerins de Dieu. Oui, lavons-leur les pieds, ne laissons point sur eux un brin de poussière, car c'est Jésus-Christ que nous traitons en leur personne. N'a-t-il pas écrit : J'étais pèlerin et vous m'avez reçu ?... »

Le sermon sur l'immolation d'Isaac continue la série du carême de Césaire[1]. Interprétant le *Tolle filium tuum quem diligis, Isaac*, l'orateur débute ainsi : « Abraham offrant son fils Isaac sur la montagne sainte est le type de Dieu le Père, tandis que Isaac est la figure du Sauveur. Le voyez-vous ce Sauveur qui porte le bois de son sacrifice ? Oh! qu'il représente clairement le Christ montant au Calvaire, chargé de sa croix! Aujourd'hui la croix est un monument de puissance, car, par elle, le démon est vaincu, l'univers exulte, la grâce descend du ciel».

En Rébecca, l'évêque d'Arles voit l'Église ; en Jacob et Ésaü, le bien et le mal[2].

« Isaac a prié et l'Église a donné des enfants. Parmi eux, il y en a de bons, de chastes, de miséricordieux, mais aussi de méchants, de cupides, d'impies. C'est comme dans le sein de Rébecca une sorte de collision entre des adversaires. Aimez-vous les choses

---

1. Appendix, serm. 6.
2. *Ibidem*, serm. 10.

terrestres, mettant en elles concupiscence et unique
espoir? vous êtes de la race d'Ésaü. Quiconque, au
contraire, désire servir Dieu et place en Lui sa félicité, est un spirituel, un enfant de Jacob, destiné au
ciel.

« Hé bien, pendant ce carême, laissez donc les
vices sordides, soyez spirituels et ornez-vous de vertus. Accourez aux Matines et à Sexte et à None.
Soyez continents, gardez la paix, recevez les pélerins,
faites l'aumône selon vos moyens, adonnez-vous aux
prières et à la lecture. Les attaches du monde, cou-
pez-les toutes, si vous pouvez ; dans tous les cas,
faites couler en votre cœur le vin spirituel, c'est-à-
dire le Verbe de Dieu, qui chasse toute impureté et
vous prépare une âme sainte pour les fêtes de Pâques.
Ce jour-là, couverts d'innocence et pleins d'exulta-
tion, vous irez chastement à l'autel y recevoir le corps
et le sang de Jésus-Christ, non pour votre condamnation mais pour votre honneur. »

Pour que le carême soit utile, l'évêque d'Arles recommande la fuite du plaisir et prescrit la pratique
des exercices spirituels.

« Pensez-vous que c'est faire un bon jeûne que de
manquer la visite matinale consacrée aux bienheureux martyrs et d'aller, au saut du lit, appeler vos
esclaves, partir précipitamment pour la campagne,
emporter des rets, lancer vos chiens, fouiller taillis
et bois ? Vous passez tout le jour à la chasse, tantôt
clamant avec fureur, tantôt gardant le silence, pour
saisir le gibier. Joyeux, si vous le trouvez, en colère
si vous le manquez, il semble que le carême a été
institué exprès pour la chasse. Vous avez beau prendre tard votre réfection, vous n'avez pas jeûné en
Dieu, car vous avez omis vos devoirs du culte, pri-

vant vos serviteurs de la prière et vous donnant des satisfactions sensuelles au détriment de la dévotion[1].

« Quand le carême arrive, c'est l'heure du radoub. Entreposons le navire de l'âme afin de réparer les avaries que lui ont fait subir pendant toute l'année les tempêtes du monde et les vagues du péché...

« De même qu'on recueille en temps de moisson et de vendange ce qui doit suffire à la vie, ainsi les jours du carême sont comme un temps de vendange et de récolte spirituelle, où nous devons mettre en réserve ce qui doit faire vivre notre âme éternellement. La cave, le cellier qu'on remplit en automne sont l'image du carême où l'on amasse des provisions d'âme pour l'année entière[2]... Je me réjouis de vous voir accourir aux offices et entendre l'explication de l'Écriture Sainte, mais pour progresser davantage dans la vie chrétienne, venez-y plus souvent encore et dès la première heure. L'église s'ouvre très matin et se ferme tard : personne ne peut prétexter ses occupations pour omettre sa visite...

« Est-ce que les gens d'affaires ne se lèvent pas matin et ne se couchent tard pour amasser de l'or? Consacrez à Dieu le temps que la fureur du jeu des dés vous fait perdre... Que les entretiens divins, les lectures pieuses fassent trêve aux considérations oiseuses, aux plaisanteries mordantes, aux médisances envenimées[3]. »

Ces fragments d'homélies suffisent pour signaler le genre de notre saint dans l'explication de la Bible.

Le goût de subtiliser imposait l'habitude du sens

1. Appendix, 146.
2. Ibidem, 141.
3. Ibidem, 283.

mystique. Tous les Pères avaient cédé au courant et notre saint n'invente aucune règle nouvelle d'exégèse. Mais il présente sous un jour personnel ce qui lui était fourni par la tradition. La piété le guide, la satisfaction d'une partie de son peuple confirme le choix de son programme et l'éclectisme de ses commentaires le place en un rang à part. Moins prolixe que le Grec, évitant l'ampleur emphatique du Romain, il reste Gaulois.

L'épisode biblique de Samson a fourni à Césaire le thème de deux sermons déjà publiés ; l'homéliaire d'Épinal en contient un troisième, entièrement inédit, qui porte en traits non méconnaissables la marque de son origine césarienne [1]. « Le lion de Samson représente Jésus-Christ, dit Césaire. Il a un rayon de miel dans sa bouche. Qu'y a-t-il de plus doux, en effet, que le Verbe de Dieu, quoi de plus fort que sa main droite ? — Ce lion peut aussi figurer le peuple des Gentils qui a eu le don de la foi. Au début, corps de vanité, il devient ensuite le corps du Christ où les Apôtres, semblables à des abeilles, enfermèrent le miel de la sagesse, les fleurs divines et de la rosée céleste. Quant à Samson, il est la figure des Juifs qui ont tué le Christ au moment où il désirait de s'unir à l'Église. Par la mort du lion de Juda, Jésus-Christ a scellé ce pacte d'union. Il est vaincu et il est vainqueur : regardons-le sur la croix et à la résurrection. Il est lion et lionceau parce qu'il est égal au Père et Fils du Père. Il est Sauveur, car il descend aux enfers, délivre les captifs et nous conduit à la vie éternelle. »

Les discours de Césaire sur des récits suivis du

1. Dom Morin, *Revue bénédictine,* t. XXIII, p. 206.

Nouveau Testament sont relativement rares. Il semble qu'il est peu à l'aise sur ce terrain. C'est ce qui donne un certain intérêt aux inédits tirés du manuscrit d'Épinal[1]. La parabole du bon Samaritain est médiocrement développée, de même celle du prodigue.

Cependant on trouve dans celle-ci une glose mystique et des réflexions dignes d'être notées.

« L'homme qui a deux enfants, c'est Dieu. Les fils symbolisent les Juifs et les Gentils. S'éloignant de leur Créateur, vivant avec les débauchés, les Gentils servirent les démons et dissipèrent la substance paternelle, c'est-à-dire la sagesse, la justice, la force, la tempérance. Un jour, ne voulant plus vivre comme les pourceaux, le prodigue revint à lui-même pour se nourrir de Jésus-Christ..... Nous aussi, nourrissons-nous des Saintes Écritures, rejetant les livres profanes où nous mangerions les gousses que mangeaient les pourceaux. Ces pages des séculiers peuvent briller, mais elles ne sont pas saines ; elles résonnent et font du bruit, mais elles n'apportent aucun profit à l'âme. »

Nous allons retrouver la caractéristique de Césaire dans un groupe d'allocutions qu'on appelle « Admonitions » : c'est le genre où il excelle et qui tient une place considérable. Les trois évêques Cyprien, Firmin et Vivence, qui ont composé le Livre I de la *Vita*, énumèrent les Admonitions prononcées à certaines fêtes et à certains jours, pour des personnes diverses et des vices prédominants[2].

Ces pièces vérifiées constituent une source des

---

1. Dom Morin, *Revue bénédictine*, t. XXIII, p. 350 et seq.
2. Lib. I, cap. v, 42 : « *Prædicationes congruas festivitatibus et locis, contra ebrietatis et libidinis malum, contra aruspices, contra calendarum paganissimos ritus*, etc... »

plus abondantes informations sur le prédicateur et
le siècle où il vit et les gens qu'il catéchise et les
mœurs de l'époque et la situation de l'Église. Rien
ne nous apprendra mieux l'état général dans lequel Césaire exerça ses fonctions pendant plus de
quarante ans.

Le paganisme ne comptait plus officiellement,
au vi[e] siècle, mais la conversion à l'Évangile n'avait
pas beaucoup modifié la corruption humaine. Partout l'évêque rencontre le péché qui détruit le temple de Dieu et la demeure du Saint-Esprit. Voyons,
en suivant l'ordre de la *Vita,* comment il l'attaque.

Les anciennes fêtes publiques se continuaient
dans la ville et surtout dans les campagnes. Avec
elles c'étaient des souvenirs offensants pour l'Église
et des actes licencieux. Césaire réprimande ceux qui
délaissent les assemblées chrétiennes, afin de pouvoir se rendre commodément aux spectacles. « Vous
avez promis au baptême, leur dit-il, de renoncer
au démon, à ses pompes et à ses œuvres. En même
temps que vous preniez cet engagement, le prêtre
l'inscrivait sur les registres. Et aujourd'hui, oubliant
vos serments, vous fréquentez des lieux honteux et
vous prenez plaisir à ces fêtes mondaines où l'on se
livre à tous les crimes. La vertu de foi consiste à
croire vrai ce que Dieu a révélé, mais il faut de plus
montrer ses œuvres. Le mot foi vient de faire (?). Vous
devez donc traduire en actes vos croyances, si vous
voulez être sauvés [1]. »

Les jeux sanglants des arènes ou du cirque et les
représentations théâtrales déshonnêtes étant classés
parmi les péchés punissables du feu éternel, Césaire

1. Appendix, 264.

les blâme énergiquement ; mais une fête contre laquelle il s'élève plus fort encore, dans deux Admonitions, c'est celle des calendes de janvier[1]. Le premier de janvier rappelait le dieu Janus et se célébrait avec des déguisements, des réjouissances, des débauches qui remontaient aux temps lointains de la zoolatrie. Pour faire échec à ces mascarades que nous avons conservées en les transportant au Carnaval, l'Église institua un Triduum de jeûne.

A cette occasion, l'évêque d'Arles exhorte ainsi les fidèles : « Janus était un homme perdu et sacrilège. Ayant atteint le sommet du pouvoir, les hommes l'honorèrent comme un Dieu. Son double visage regarde l'année qui finit et celle qui commence. Les folies des païens, des paysans, au sujet de ce triste culte de mascarade, dépassent toutes les monstruosités. On en voit qui se déguisent en cerfs et en génisses ; d'autres mettent des têtes d'animaux et crient comme des ours. Ils n'ont plus la forme d'homme, ils n'en ont plus le cœur. Ce qui est plus honteux, ce sont les travestissements féminins. Comment des hommes à barbe épaisse peuvent-ils désirer d'être des jeunes filles ?...

« L'idée d'apprêter pendant la nuit de petites tables chargées de mets, symbolisant l'abondance, l'usage de recevoir des étrennes préservatrices de tout mal, le refus de donner du feu à son voisin, le tourbillon de danse et de festins, tout cela ne constitue pas un petit péché. Les chrétiens qui observent ces coutumes ne sont pas des chrétiens. Ils doivent, au premier janvier, jeûner, prier, fuir le monde et se rapprocher de Dieu...

1. Appendix, 129, 130.

« Le calendrier a des noms qui devraient être rem-
placés par d'autres. Cessons de dire : lundi jour de la
lune, mardi jour de Mars, mercredi jour de Mercure,
jeudi jour de Jupiter, vendredi jour de Vénus, samedi jour de Saturne. Avec l'Église dénombrons
simplement les féries première, seconde, etc...

« Ces noms misérables de dieux impurs, sacrilèges
ou superbes inspirent trop souvent aux rustiques
des pratiques superstitieuses. Les uns regardent certains jours comme néfastes pour les voyages, d'autres craignent de déplaire à ces divinités diaboliques.
A tout prix, il faut se corriger de ces fautes et montrer des sentiments plus hauts pour aller au ciel. »

Un abus bien grave était celui des bals qui évo-
luaient autour des basiliques chrétiennes[1]. Ils res-
semblaient aux chœurs de l'antiquité, déroulant
leurs théories devant les temples païens.

Césaire qui, très observateur, se rendit compte de
ces divertissements et entendit des chansons libertines, ne manque pas de faire des réprimandes. Il
se plaint de ces tavernes qui bordent la voie, encom-
brent la place des églises et amorcent les adorateurs
accourus pour les offices.

« J'en ai vu, dit-il, se lever tout à coup, se
mouvoir avec frénésie et danser d'après un rite ba-
chique, comme un homme atteint de folie, en chantant d'infâmes chansons d'amour et de luxure[2].

« Est-ce que ce sont des hommes, ceux-là? Non,
ces êtres qui s'étendent dans les ruisseaux ou qu'on
relève dans des cloaques, ne sont pas des hommes.
Ils ne se tiennent pas debout comme les hommes.

1. Appendix, 265.
2. *Ibidem*, 265, 266.

Ils ressemblent aux marais qui entourent notre ville. Que pousse-t-il dans les marais, qu'y vient-il? Quelques serpents, des grenouilles, des sangsues; aucun arbre, pas de fruits. A peine de pauvres herbes sans utilité que le cultivateur brûle tous les ans.

« Le vin, compagnon de la dissolution des mœurs, est trop abondamment servi dans les cènes prolongées où circule la coupe enivrante. Sous prétexte d'amitié, on continue même la fête trois ou quatre jours, versant à boire jusqu'à épuisement du tonneau. Quelques-uns, à seule fin de multiplier les verres et d'accentuer l'ivresse, demandent des mets pimentés et des friandises salées [1]. »

Ne nous attardons pas davantage à ce tableau de l'ébriété. Son réalisme est suffisant comme cela.

Passons à la luxure. L'analyse de cette question délicate est faite dans tous ses détails. Recueillons-en quelques-uns :

« La loi divine, mes frères, nous exhorte à éviter la concupiscence, car l'amour de ce monde produit l'inimitié de Dieu. Soyons modestes et continents dans l'intégrité de notre chair et, ainsi qu'un bon soldat du Christ, gardons notre cœur de toutes manières...

« La chasteté, nous la recommandons aux jeunes gens et nous voulons qu'ils fuient la familiarité du sexe. Aux époux, nous demandons la fidélité. L'homme, c'est la force et il doit la montrer; la femme, c'est la faiblesse, et elle doit prendre garde aux sensations passionnelles.

« Que l'homme est malheureux de triompher de dix

---

1. Appendix, 294, 295.

11.

ennemis et d'être vaincu par une petite enfant de péché! Est-ce de la virilité cela, est-ce une victoire?...

« L'esclavage féminin est une excitation perpétuelle à l'incontinence. Les maîtres se roulent dans l'impudicité et ils s'en vantent; ils ont des éclats de rire stupide et ils disent des plaisanteries honteuses à leurs collègues. Ces abus de servantes seront punis du feu éternel, car ils constituent des péchés très graves...

« La conscience crie aussi contre l'adultère. Il y en a beaucoup qui le commettent et qui n'en rougissent pas. Hé bien, à ceux-là qui ne craignent ni Dieu ni les hommes, je leur ordonne de se corriger. S'ils ne le font pas, qu'ils subissent l'excommunication. Il y a un devoir strict de dénoncer les fidèles indignes et j'exhorte les épouses lésées à ne pas craindre de prendre le rôle d'accusatrices. Avec les contumaces, il est défendu d'avoir commerce, soit dans les repas, soit dans les conversations...

« Un désordre plus révoltant, c'est le concubinage. Beaucoup s'y livrent avec impudence. Loin de se cacher, comme les adultères, ils se montrent publiquement. Pas assez mûrs pour le mariage, ils sont mûrs pour le plaisir. Je voudrais bien savoir de quel droit ces fils de famille et ces individus de condition modeste se donnent des concubines? Devant Dieu et devant les anges je proteste et j'affirme que jamais ce mal n'a été permis... C'est pourquoi je crie contre ces graves coupables. Dieu les punira et moi je leur refuserai la bénédiction nuptiale le jour de leur mariage...

« Au négociant qui est loin de sa femme, au militaire qui est dans l'armée pour ne pas encourir la colère du roi, je leur dis : Craignez Dieu et ne touchez aucune femme étrangère. Comment! Vous obéissez à la loi du commerce qui vous isole de la famille, vous vous abstenez de retourner auprès de votre épouse par crainte du roi, et vous ne seriez pas dociles au commandement de Dieu? Mais Lui est plus que l'or et plus qu'un roi. Son amour et sa volonté exigent qu'on reste chaste [1]. »

Césaire étudie enfin toutes les conséquences de la morale chrétienne du mariage et ne néglige aucune question [2]. Il nous avertit qu'il parle pour tous, mais principalement pour les rustauds, les ignorants. Le détail des cas est catalogué, qualifié. On est étonné de l'abondance des explications et de la crudité du langage [3].

Cette crudité du casuiste, du canoniste, du médecin n'avait pas vu le jour avant lui parmi les Pères. Il faut l'attribuer à la marche en avant de la barbarie et de la rudesse du haut moyen âge qui va envahir les mœurs aussi bien que les arts.

L'homme de Dieu, qui a dressé le texte des péchés mortels, met aux premiers rangs certains péchés d'impureté et il ajoute le sortilège et l'envie.

« Tout homme convoite, mais il y a le désir de Dieu et le désir du démon. Que notre cœur soit haut et notre esprit équitable! Pour que tous, même les plus simples d'entre vous me comprennent, je me permets la comparaison suivante. Un voisin a envie de la villa d'autrui et se dit : Elle est charmante cette

1. Appendix, 288, 292, 293 etc.
2. Cf. Lejay, *Le rôle théologique de Césaire* dans *Revue d'histoire et de littérature religieuses*, t. X, 455, 456 et suiv.
3. *Revue bénédictine,* t. XIII. Sermon publié par dom Morin.

villa. Ah! si elle était mienne; si je pouvais la réunir
à mon domaine! Notre homme jette l'œil dessus
et se livre à toutes sortes de projets pour l'enlever.
Si le propriétaire est riche, s'il peut se défendre, il
arrêtera la convoitise; mais s'il est pauvre et dans la
nécessité, il subira tous les genres de tracasseries.
Par exemple, il sera signalé aux pouvoirs publics
afin qu'on l'afflige d'une augmentation d'impôts ou
qu'on l'enrôle dans quelque charge administrative.
Le malheureux, obligé de s'endetter pour se nourrir
ainsi que sa famille, vient trouver celui-là même qui
est la cause de son embarras et, ignorant sa méchanceté, le prie de lui donner quelques sous pour satisfaire ses créanciers. Mais lui de répondre qu'il n'a
rien en main et ne peut l'assister en ce moment.
Sous la menace de poursuites, le petit colon se décide
à vendre. Alors notre envieux répond : Je n'ai pas
d'argent chez moi, néanmoins je vais emprunter
n'importe où pour venir à votre secours, à titre
d'ami. Dussé-je me dépouiller de mon argenterie,
je ne veux pas qu'on vous poursuive. Tant qu'on
sollicitait un service, il n'avait rien; dès qu'il s'agit
d'une vente, il a tout. La vente se fait à un prix
dérisoire et la *casella*, qui valait cent sous d'or, est
cédée pour une somme inférieure à la moitié de ce
prix... Malheur à ces envieux, ils seront précipités
en enfer, car ce sont des spoliateurs [1]. »

La croyance aux sorts et aux maléfices était générale. Parmi les chrétiens, sorciers et sorcières faisaient bonne recette. Dom Morin a publié un sermon
de Césaire où il dépeint les minauderies de la femme
qui affecte une belle horreur pour les insinuations

---

1. Appendix, 75.

de la guérisseuse magique, et qui finit par la laisser faire en détournant la tête [1].

Plusieurs Admonitions traitent des pratiques positives d'idolâtrie, conformément aux lointaines et irréductibles idées païennes. Ces survivances du culte gréco-romain et aussi druidique restaient comme dans un fond permanent, au milieu de ces Grecs, de ces Italiens, de ces Germains, de ces Gaulois qui peuplaient la Provence.

L'Évangile avait fait circuler sa lumière et son idéal dans les âmes, mais les religions antérieures, qui avaient imprégné si longtemps, si profondément les mœurs, ne pouvaient disparaître sans laisser des traces profondes. Écoutons Césaire nous les faisant connaître avec la précision et la sincérité dont il est coutumier.

« Quand la lune a des éclipses, ne poussez pas des hurlements sauvages et indignes des chrétiens. Ce phénomène est voulu par la Providence et vos clameurs ne feront rien pour le détourner.

« De même, cessez de suspendre à vos corps des phylactères et certaines herbes, des amulettes ou des morceaux de bois. Faire ce mal, c'est perdre le fruit du baptême [2].

« La fête de saint Jean-Baptiste doit être célébrée avec une immense joie, mais sans la sordide coutume des païens. Ils vont, eux, et quelquefois, hélas! nos fidèles, se plonger dans les étangs, les fontaines et les rivières, pendant la nuit qui précède la fête. Ce bain sacrilège perd les âmes et tue quelquefois les corps. Par la miséricorde de Dieu, pensez à votre

1. *Revue bénédictine*, t. XIII (1896).
2. Appendix, 265.

salut, abandonnez cette observance et châtiez les coupables de vos familles [1]. »

Le récit de superstitions celto-romaines détaillé dans l'Admonition suivante est si curieux, au point de vue historique et sous le rapport moral, qu'il mérite une mention spéciale : « Mes frères, vous avez entendu souvent mes supplications pour vous faire abandonner les usages païens. Je reviens sur ce sujet parce que mes conseils n'ont pas été entièrement suivis. Si j'omettais ce devoir, j'en rendrais compte au tribunal de Dieu. C'est pourquoi je vous redis de nouveau de fuir tous les sacrilèges qui vous guettent, ne revenant pas comme le chien à votre vomissement.

« Un bon chrétien ne se sépare pas de Dieu en consultant les augures, en ajoutant foi aux chants et au vol des oiseaux qui sont sur les chemins, en considérant dans un sens cultuel des éternûments ridicules, certains faux pas, des rencontres fortuites d'hommes ou d'animaux. Quand vous avez à faire un voyage ne regardez que la nécessité, signez-vous au nom de Jésus-Christ, récitez le symbole ou l'oraison dominicale et, avec le secours de Dieu, allez sans crainte...

« C'est un péché mortel de consulter les devins et de recourir aux sorciers dans les maladies qui attaquent soit les animaux soit les personnes. Ne sacrifiez pas au démon qui inspire toutes sortes d'excentricités en face des problèmes inconnus de la vie. Ce persécuteur de l'humanité a beau vous dire : Venez dans un lieu retiré et je vous ferai connaître le secret des maux, les auteurs des vols, la destinée des hommes. Qui-

---

1. Appendix, 277.

conque acquiesce à ces conseils a répudié le Christ...

« Un chrétien perd ses mérites et s'enlève les grâces divines quand il observe les sortilèges du paganisme. Ainsi suspendre des ex-votos aux arbres, réciter des prières aux sources, aux fontaines, c'est se vouer aux éternels supplices. Quiconque, par conséquent, aura, dans sa campagne ou dans sa villa, des objets de superstition tels que des arbres sacrés, des autels votifs, des chapelles entachées d'idolâtrie et tous autres monuments suspects où les malheureux rustauds vont sacrifier, je le supplie de les détruire. Si le propriétaire ne le fait, il coopère aux manifestations impies de son domaine.

« Regardez la folie du genre humain. Quand un de ces arbres sacrés vient à mourir, personne ne le touche, personne ne le mettra au feu. On rend honneur à du bois mort et on méprise les préceptes du Dieu vivant ! Les branches d'arbres n'iront pas brûler, mais les chrétiens se précipiteront dans les flammes de l'enfer !

« Il me parvient encore que d'aucuns, par simplicité, ignorance ou gourmandise, mangent les mets qu'ils ont offerts en sacrifice dans ces temples ou aux pieds de ces autels des divinités de la campagne. Leurs dévotions achevées autour des sources et des arbres, ils se mettent à faire des festins diaboliques et achèvent leur joyeux pèlerinage d'idolâtrie en se signant au nom du Christ. Beau signe de croix que celui-là ! C'est plutôt un glaive qui tue leurs âmes en même temps que les mets sacrilèges nourrissent leurs corps [1]. »

D'un bout à l'autre des Admonitions on puise à

1. Appendix, 278, 279.

pleines mains des renseignements sur les vices du cœur et les hommages rendus à la nature par ces Gaulois attardés devant une source ou auprès du gui sacré. Cependant nous pensons avoir suffisamment mis à nu les frémissements des passions et l'ensemble de la psychologie morale à l'époque de Césaire. Cette partie de l'œuvre oratoire de l'évêque d'Arles intéresse spécialement l'historien et l'homme du monde. Il nous faut ajouter une seconde partie, sur les moyens de sanctification qui guérissent le mal du péché et regardent l'Église[1].

Dans ce cadre entrent le baptême, les vertus, la prière, la pénitence, les bonnes œuvres, l'onction des malades, le mariage, l'eucharistie, la messe.

Contre le péché originel le Christ a inventé la régénération baptismale.

« L'homme, en naissant à la lumière, naît à la mort, dit Césaire[2]. La seconde génération produit la vie et engendre des vases de miséricorde. Jeunes ou vieux, les baptisés sont des enfants. Lavés du péché, dépouillés du vice, ils doivent développer en eux les vertus chrétiennes. »

A cette époque la coutume de baptiser les nouveau-nés était devenue à peu près générale. De ce chef, le nombre des chrétiens s'élargit, mais les volontés personnelles diminuèrent. Notre saint s'inquiète de ces petits néophytes et excite les parents à la vigilance.

« Ils doivent accomplir les engagements pris. Ne pas tenir les promesses faites au baptême, c'est

---

1. Pour ces questions sociales et théologiques voyez MM. Malnory et Lejay, dans leurs beaux ouvrages, déjà cités.
2. Appendix, 44.

se mettre en péril de damnation. Ils ont répondu au questionnaire concernant leurs enfants, hé bien, qu'ils soient fidèles à leur pacte. Dire qu'on a la foi et ne pas accomplir les œuvres, cela ne sert de rien. De quel front se dira-t-on chrétien si on ne fait pas suivre à ses enfants la loi du Christ? Corrigez-les donc, châtiez-les afin qu'ils vivent pieusement, donnez-leur l'exemple, et vous irez ensemble jouir des récompenses éternelles[1]. »

« Les compétents (c'est-à-dire les rares gens venus un peu tard au baptême), je les prie de se préparer à l'acte de la régénération par une grande pureté de conscience. Plus de colère, plus de haine dans leur cœur. Ils doivent réparer aussi leurs injustices, faire pénitence de leurs péchés et devenir humbles, sobres et doux comme des agneaux[2]. »

La foi, son intégrité, sa nécessité, fait l'objet de plusieurs Admonitions[3]. Il nous plaît de citer ce joli morceau se rapportant aux fruits de vertus que le fidèle est appelé à produire durant toute sa vie. « Je voudrais qu'on me dise s'il suffit d'être trouvé au moment de la mort tel qu'on a été le jour de son baptême?...

« En ce cas, je demanderai au cultivateur qui a planté une vigne dans son champ s'il lui est agréable qu'elle soit la même au bout de dix années?... Quel plaisir aura-t-il de voir un verger d'oliviers demeurer toujours comme si on venait de lui poser les greffes? Et un père aimerait-il un enfant de cinq ans aussi débile qu'au jour de sa naissance? De tout cela,

---

1. Appendix, 264, 265, etc.
2. Ibidem, 267.
3. Ibidem, 263, 264, 267, etc.

apprenez que Jésus-Christ, voulant cueillir des fruits
dans ses enfants, nous demande un perpétuel accroissement des œuvres de foi[1].

« Donc, mes frères, mortifiez, crucifiez vos membres afin de plaire à Celui qui les a créés. Qui a été or-
gueilleux, qu'il soit humble ; qui a été incrédule,
qu'il soit fidèle ; qui a été impur, qu'il soit chaste ;
qui a été voleur, qu'il soit rangé ; qui a été ivrogne,
qu'il soit sobre ; qui a été somnolent, qu'il soit vigilant ;
qui a été avare, qu'il soit généreux ; qui a manqué de
parole, qu'il soit franc ; qui a été malveillant ou
envieux, qu'il soit sincère et bon ; qui a été négli-
gent pour les offices, qu'il soit empressé à venir à
l'église[2] ».

A Einsiedeln, nous avons transcrit sur le codex 281
du VIII<sup>e</sup> siècle « l'Admonition à mieux prier dans
l'église[3]. »

« On vient dans l'église prier, chanter les louanges
de Dieu, écouter les lectures liturgiques. Or il arrive que les chrétiens pèchent à cette occasion.
J'avertis tout le monde, s'écrie Césaire ; je le dis aux
hommes, aux femmes, aux religieux, aux clercs en-
tourant l'autel, qui se permettent de causer avec leurs
amis. Prenez part à l'office divin, ne cherchez pas la
mort dans la maison de vie. Qui peut chanter, qu'il
chante ; qui ne peut pas, qu'il remercie Dieu dans
son cœur, gardant le silence, n'interrompant pas la
psalmodie. Le démon se glisse parmi les bavardages

1. Appendix, 263.
2. *Ibidem*, 244.
3. J. Fessler, Caspari (*Kirchenhist. Anecdota*), Dom Morin
(*Revue bénédictine*, t. XXIII, p. 362) ont remarqué et publié
cette pièce avec beaucoup d'autres se rattachant au cycle césarien.

des fidèles tièdes, il ne peut rien sur les fervents qui louent Dieu de leur voix ou mentalement. C'est pourquoi, entrant à l'église, nous devons servir Dieu sans penser au monde. Du saint encensoir de notre cœur, offrons les parfums les plus suaves, chantant, priant, aimant le Christ qui habite en nous... »

Dans plusieurs Admonitions, l'homme de Dieu oppose le mauvais exemple au bon exemple. « Personne, dit-il, ne vit pour soi, ne meurt pour soi seulement. La considération d'une vie sainte édifie et mérite une récompense, tandis que la mauvaise conduite et les conversations légères auront leur châtiment[1]...

« Celui qui peut retenir tout ce que nous disons, doit rendre grâces à Dieu et montrer aux autres le profit de nos instructions. Celui qui ne peut tout retenir se rappellera du moins certaines parties. Avec l'aide de Dieu que l'un dise à l'autre : Moi, j'ai entendu mon évêque prêcher sur la chasteté. Qu'un second dise : Moi, j'ai présent à l'esprit son sermon sur l'aumône. Qu'un troisième ajoute : Moi, je sais que mon évêque a recommandé la lecture de l'Écriture Sainte et sa méditation prolongée[2]. »

Ces passages, familiers, vivants donnent une idée de ce que demandait Césaire à la collaboration des chrétiens les plus éclairés. A cet entourage de fidèles, à cette minorité de fervents, il recommandait le zèle. L'élite des diocésains devait s'appliquer, par leurs vertus, à exercer une sainte influence sur la masse des gens embourbés dans l'ignorance ou le vice.

1. Appendix, 168.
2. *Ibidem,* 3o3.

Pour prévenir le mal et guérir du péché, Césaire donne souvent aux chefs des familles pieuses le conseil de châtier les coupables[1]. Dans un sermon publié par Dom Morin[2], il va encore plus loin : « Avertissez durement, reprenez sévèrement ; s'ils ne se corrigent, si vous le pouvez, frappez-les ; si même ainsi ils ne s'amendent, coupez-leur les cheveux ; s'ils s'obstinent encore, hez-les avec des fils de fer, afin que, du moins, une chaîne retienne ce que ne peut retenir la grâce du Christ ».

Tout ceci nous amène à parler de l'expiation du péché mortel par la pénitence publique et la pénitence secrète.

« On peut obtenir le pardon par une pénitence privée, dit Césaire. Le pécheur, le criminel, s'il fait pénitence et persévère dans sa bonne volonté, ne descendra pas aux enfers, mais sera porté dans la gloire par les anges du ciel. Avant tout, pour effacer ses fautes capitales, il est urgent de se repentir... Confessez-vous avec un cœur droit et faites la pénitence imposée par le prêtre[3]. »

Le nombre de ceux qu'atteignaient les canons pénitentiels était en augmentation par suite de la nouvelle organisation baptismale et de l'entrée en masse des Barbares dans l'Église. L'homicide, l'adultère, la consultation des augures ou des devins, etc., tous les cas disciplinaires qui mettaient hors de la communion, étaient sujets à la pénitence publique.

De cette expiation, le plus grand nombre en avait

---

1. Appendix, 130.
2. *Revue bénédictine,* t. XIII (1896).
3. Appendix, 256, 257. — Sur le mot confession, aveu sincère des fautes, voir M. Malnory, p. 188, et M. Lejay, ch. IV, pp. 591, 592 et s.

horreur. La publicité, l'humiliation, l'aveu explicite des fautes, la réprimande solennelle de l'évêque, les vêtements de deuil, l'expulsion de la basilique, tous ces rites consacrés par l'ancien usage effrayaient le pénitent. Ajoutons à cela les prescriptions qui régissaient la vie privée et les épreuves spéciales de la prière, de l'assistance fréquente aux offices, de l'ensevelissement des morts, l'interdiction du vin et de la viande... A vrai dire, cette surcharge de devoirs épouvantait. On ne peut la lire sans concevoir la répugnance de nos prédécesseurs et s'expliquer pourquoi ils s'en détournaient.

Une émouvante Admonition est celle où l'évêque d'Arles dépeint « ces pénitents hurlant leurs péchés et les accusant devant tous. Ils ne se défendent pas, ils se persécutent. Ils ne sont pas seuls au travail de leur champ, ils s'adjoignent les prières, les sacrifices, les larmes d'une multitude de coopérateurs. Aidés de ce précieux secours, ils arrachent les épines et les buissons et les ronces, et aussitôt germe une moisson de froment d'or et mûrissent des raisins spirituels. Ce cilice de poil de chèvre qui les couvre signifie qu'ils ne sont plus des agneaux. Ils se tiennent comme le publicain, les yeux fixés à terre, et montrent la pesanteur de leurs crimes dans leurs supplications brûlantes d'amour. Ah ! il est consolant pour nous de voir ces pénitences publiques glorifiant le Christ et détruisant le péché !... Dieu, qui pèse les mérites, admettra ceux qui les pratiquent à l'autel du ciel et récompensera leurs actes d'humilité, d'expiation, de charité [1] ».

Malgré ses instincts fort accentués de traditiona-

1. Appendix, 261.

liste, Césaire se montre facile pour les concessions de
dispense : « Dieu, qui est tout-puissant, veut la miséricorde. Après cent, après mille péchés, ne désespérez
pas de Lui... Si quelqu'un me dit : Je suis jeune, j'ai
une femme, je suis soldat, fonctionnaire, comment
voulez-vous que je coupe mes cheveux, que je prenne
le cilice, que je me livre à l'abstinence?... Eh! je ré-
ponds : La vraie conversion est celle du cœur. Puisque vous ne pouvez pas faire la pénitence canonique,
mortifiez vos passions, jeûnez, priez, visitez les lieux
saints, recevez les pèlerins, faites l'aumône[1]. »

Le jeûne comprenait ordinairement l'abstinence
de chair et de vin. Mais l'évêque prend une bonté de
père pour les santés délicates. Écoutez-le : « Le Sei-
gueur ne nous a pas dit : Jeûnez plus que vous ne
pouvez et veillez plus que vos forces ne vous le permettent. Il ne nous a pas dit : Abstenez-vous de
vin et de viande. Non, ce n'est pas ce qu'Il exige de
nous; mais Il a daigné ordonner ce que tout le monde
peut, avec sa grâce, accomplir sans grande peine[2] ».

Est-il rien de plus délicieux que ce tempérament
du saint homme pour l'usage du vin? « Que celui qui
fait pénitence ne prenne pas de vin, si sa santé le lui
permet; s'il ne le peut, à cause de l'âge ou des douleurs d'estomac, qu'il entende l'Apôtre lui dire : Use
d'un peu de vin, à cause de ton estomac[3]. »

Est-ce que ces restrictions ne rendent pas plus ai-
mable encore la physionomie souriante de Césaire?
Et les idées qui vont suivre, sur l'aumône, ne révèlent-
elles pas un caractère des plus bienfaisants?

1. Appendix, 249, 258.
2. *Ibidem*, 298.
3. *Ibidem*, 261.

« L'aumône vaut mieux que le jeûne, l'aumône est le rachat du péché. Aucun pécheur ne pourra souffrir pour son iniquité si, avant de quitter ce monde, il a recouru au remède de l'aumône ou de la pénitence[1] ».

Ce devoir de l'aumône, il le réclamait pour les pauvres, qui sont les frères de Jésus-Christ. L'accroissement de leur nombre joint à l'extension du culte paroissial obligea l'Église à se préoccuper plus diligemment des ressources temporelles. Une prestation importante, la dîme, s'implanta dans les mœurs. Césaire insiste spécialement sur la nécessité et sur le mode d'acquittement de ce devoir. Son ton et son élévation, son accent, ses pensées et ses expressions en cette matière sont infiniment touchants. Qu'on en juge par quelques spécimens :

« L'aumône doit être faite derrière la porte fermée, c'est-à-dire pour le seul amour divin : non pour être loué des hommes mais pour trouver grâce devant Dieu. Celui qui fait l'aumône pour être loué, alors même qu'il se cache, agit en quelque sorte publiquement... que votre main droite ignore ce que fait la main gauche, c'est-à-dire que l'amour ignore la vanité[2]. »

« Ne pas donner, c'est s'emparer du bien d'autrui. Autant de pauvres mourront par la faute de notre avarice, autant d'homicides dont nous rendrons compte devant le tribunal du Christ[3].

« Tout ce qui est donné en miséricorde humaine sur la terre sera rendu en miséricorde divine au ciel.

1. Appendix, 142.
2. *Ibidem*, 63.
3. *Ibidem*, 308.

« Dans le pauvre, c'est le Christ que vous soulagez, car c'est le Christ qui a faim et soif, c'est le Christ que vous vêtez. Le pauvre vous demande, c'est le Christ qui demande. Un verre d'eau pour étancher sa soif, la moitié d'un morceau de pain, un abri dans la masure, le plus petit témoignage de charité, attendez-en du ciel la récompense... Quand vous venez à l'église, apportez aux pauvres ce que vous pourrez, selon vos moyens. Avez-vous de l'argent? Donnez-le. Avez-vous du vin? Donnez-le aussi. Un pain entier, une moitié, une bouchée? Donnez toujours. Dieu n'a pas dit : Donnez tout et ne vous laissez rien.

« Celui qui donne s'enrichit. Pour une pièce d'or, il reçoit un royaume; pour une bouchée de pain, il hérite de la vie éternelle ; pour un vêtement, il obtient la rémission de ses péchés.

« Oh! ne méprisons pas les pauvres, mais désirons-les! Devant eux, comme dans nos visites à l'église, ne soyons jamais vides. Que celui qui le peut couvre le pauvre d'un habit neuf; sinon, qu'il lui en fournisse un vieux ou usé. Si on n'est pas en mesure de faire ces choses, qu'on reçoive le pèlerin, qu'on lui fasse un lit, qu'on lui lave les pieds et qu'on lui donne à manger. Alors le Christ vous dira : Venez, bénis de mon Père, recevoir votre récompense au ciel[1]. »

Aux époques des moissons et des vendanges, l'Église moissonne et vendange avec la contribution de la dîme.

« Payez votre tribut aux pauvres, faites vos offrandes aux ministres des autels. De la terre, du troupeau, de la fonction, du négoce, de l'industrie, la

---

1. Appendix, 3o5.

dîme est due en toute justice. Tout ce que vous avez est le bien de Dieu et vous refuseriez de lui en donner une petite part? Avares, que diriez-vous s'il se réservait pour Lui neuf sur dix et ne vous laissait que le dixième? C'est ce qu'Il fait lorsqu'il envoie une sécheresse qui brûle le blé, une grêle qui détruit les vignobles : N'êtes-vous pas alors réduits à ce dixième que vous n'avez pas voulu donner? Tout compte fait, vous n'avez rien donné, mais Dieu vous a pris. C'est chez Lui une habitude très juste, si vous lui refusez le dixième, de vous réduire au dixième... Vous amassez des trésors dans vos demenres; vous ne donnez rien à votre évêque : un soldat infidèle, une horde de pillards viendra tout vous prendre. Au contraire, sur les champs et les semences de ceux qui ont payé la dîme tombe la rosée bienfaisante du ciel. Le soleil fera bonne mesure, les vents balanceront les épis d'or et les grappes vermeilles pour que les aires et les celliers regorgent de biens[1]. »

Une audace qui va jusqu'aux limites des justes revendications de la classe pauvre est celle où l'évêque demande le superflu aux riches. Ceux-ci ont déjà fourni les prestations ecclésiastiques, ils ont fait leur devoir pour les quêtes du culte; n'importe, tout ce qui leur reste après le prélèvement des choses nécessaires à la vie doit passer aux pauvres[1]. Voilà qui effleure les idées socialistes et Césaire y tient à bon droit. Ne voyait-on pas des milliers de malheureux tomber d'épuisement aux portes des églises et devant le vestibule de la basilique arlésienne? Étaient-ils

1. Appendix, 277.
2. *Ibidem*, 276.

donc bien venus ces opulents chrétiens à acheter des parures ou des ornements à leurs filles[1] lorsque l'Église vendait ses calices d'or pour délivrer les captifs ?

Un autre genre d'aumône qui rachète le péché, c'est le pardon des injures. « Œuvre pie par excellence, elle a plus de valeur que la dîme et le jeûne. Œuvre accessible à tous, car les plus pauvres peuvent la pratiquer. On n'a pas d'or, pas de blé, pas de vin, pas d'huile, pas de vêtements à offrir, mais on peut avoir été blessé, injurié, calomnié. Alors de son cœur, comme d'un cellier mystique, on sort l'indulgence et le pardon. Du même coup, Dieu, à son tour, nous pardonne[2]. »

Nous avons achevé l'ample contour des vices et des moyens de sanctification. Dans ce long mais profitable examen, Césaire nous est apparu philosophe, médecin, apôtre surtout qui compatit aux misères, les sent vivement et, de tout son cœur, désire les guérir. On ne se lasse pas de lire ses courtes Admonitions expliquant le christianisme par le bon sens et cherchant, par tous les moyens, la clef des âmes. Il explore tous les sentiers de la vie, il en interroge tous les indices, il fouille tous les sentiments, il se penche sur les abîmes, il creuse toutes les questions, il flagelle, il reprend, il encourage, il aime, il convertit.

Sa forme, nous le répétons, est rustique, familière ; son esprit a les ailes d'une colombe et non celles de l'aigle, mais le caractère de son style comme de ses sentiments est excellemment approprié à la masse des auditeurs.

---

1. Appendix, 3o8.
2. *Ibidem.*

Cependant, pour éclairer le cadre de la théologie morale et dogmatique du saint prédicateur d'Arles, il nous reste à signaler deux points intéressants. Le premier est l'onction des malades. « Si quelqu'un est atteint d'infirmité, qu'il reçoive le corps et le sang de Jésus-Christ et qu'ensuite on fasse des onctions sur lui, selon qu'il est écrit dans l'apôtre saint Jacques : La prière des prêtres sauvera le malade et, s'il est dans les péchés, ils lui seront remis. Puisque deux biens peuvent être trouvés dans l'église, la santé du corps et la cure de l'âme, pourquoi s'adresser aux enchanteurs, aux devins, aux sources, aux arbres, aux phylactères diaboliques, aux aruspices et aux sortilèges[1] ? »

La dernière remarque digne d'être notée ici regarde la messe, la liturgie, la communion.

« Assistez jusqu'au bout aux saints mystères, restez à la fraction qui est l'acte suprême du sacrifice[2]. S'il faut être en tous temps ornés de vertus et purs de cœur, c'est surtout à la veille des solennités où la réception de l'Eucharistie est de précepte. Considérez, mes frères, avec quel empressement les puissants de ce monde célèbrent leur anniversaire. La maison est blanchie, le parterre est purifié, les consoles sont garnies de fleurs. On met tout ce qui procure la joie du cœur et les délices du corps. Si donc on prépare ces choses pour un mortel, que ne doit-on pas faire pour le Dieu éternel? Certes, il faut se parer de beaux habits pour recevoir Jésus-Christ, mais c'est

---

1. Appendix, 265. — Sur cette question voir les documents si précis de M. Lejay, *Rôle théologique de Césaire*, pp. 606, 607, 608, et Dom Morin, *Revue bénédictine*, t. XIII (1896).
2. Appendix, 281.

l'âme principalement qui doit fleurir de vertus et briller des perles de la charité[1].

« Préparez-vous à la communion par des prières, le jeûne et l'aumône, purifiez vos consciences, gardez vos cœurs, qui sont l'autel de Dieu. Enfin je vous exhorte à faire ce que je vois pratiquer souvent, au moment de communier. Que tous les hommes lavent leurs mains, et que toutes les femmes déploient un linge blanc pour recevoir le corps du Christ sur la main ou sur le linge blanc. Comme les hommes lavent leurs mains avec l'eau, ainsi qu'ils lavent leurs âmes avec l'aumône et, pareillement, comme les femmes déploient leur linge blanc pour y recevoir le corps du Christ, qu'elles se présentent avec un corps chaste et un cœur pur[2]. »

De ce chapitre il ressort que Césaire a l'influence, la culture, la discipline d'un entraîneur. Sa doctrine est celle des théologiens, ses maîtres, que nous connaissons. Néanmoins il y met une application toute personnelle. Familier, condescendant, didactique, il a la brièveté, la clarté, la chaleur, la précision d'un Français et aussi sa bonhomie. Vivant au milieu de son peuple, il se dépense pour lui, pour son bien et combine avec l'ardeur du missionnaire la miséricorde du pasteur.

Artiste, philosophe, moraliste, psychologue, Césaire est tout cela dans sa prédication. On sent son émotion, on voit qu'il vibre, on devine que ses auditeurs charmés l'encouragent. Avant tout, il est instituteur, prêcheur, apôtre.

1. Appendix, 115.
2. *Ibidem*, 229.

# CHAPITRE X

Au milieu des ruines morales que les Admonitions
nous font connaître, le monastère était le refuge et
l'exemple des vertus tout indiqué. Ainsi que nous
l'avons vu, Césaire avait déjà favorisé les congréga-
tions d'hommes. Il lui restait à fonder un couvent de
vierges. C'est le côté le plus pieux, le plus tendre, le
plus cher, le plus édifiant, le plus parfait de cette belle
vie épiscopale. Difficile et périlleuse était la création
de centres monastiques féminins, à cette époque ;
l'homme de Dieu s'obstina d'autant plus à cette
œuvre. Il fallait fuir la solitude des montagnes, prévoir une invasion de Barbares, se mettre en garde
contre les grossières passions des paysans, subvenir
aux frais d'entretien. Que de luttes à livrer, que d'éléments à vaincre, que de ressources à chercher ! Les
hommes pouvaient eux-mêmes mobiliser leurs forces, se défendre, gagner leur pain quotidien en dé-
fonçant des terres ; mais les femmes durent attendre
des protecteurs pour se former en communautés.

Césaire, remarquant, dans sa ville, un grand nom-

12.

bre de veuves et de vierges vouées à Dieu, décida
de les séparer du monde. Grand était déjà leur rôle
isolé. Elles étaient assidues à la prédication, ainsi
que les en loue le bon évêque, elles catéchisaient les
ignorants, elles s'occupaient du linge d'église, elles
visitaient les pauvres, elles consolaient les malades.
Ce bataillon sacré comprenait, au premier rang, les
jeunes filles ayant reçu le voile du mariage mystique célébré avec Jésus-Christ. Un décret du concile d'Agde n'autorisait cette grave cérémonie qu'à
l'âge de quarante ans. C'était bien tard; mais les
dangers du siècle où l'on vivait, l'ardeur inconsi-
dérée des uns, la sollicitation imprudente des autres
avaient forcé l'Église d'imposer cette limite d'épreuves. L'ouverture du monastère arlésien abaissa l'âge
du lien indissoluble, unit dans une même profession
les jeunes et les plus anciennes, supprima toute
différence entre voilées et non voilées[1].

Cette institution religieuse fut une des premières
dont l'existence est mentionnée dans les documents
authentiques de la Gaule. Comme un autre Noé, disent les premiers biographes[2], Césaire prépara une
arche pour abriter ses filles contre les tempêtes du
siècle. Aucun lieu n'était plus propice pour cela que
les Alyscamps. Situé sous les remparts méridionaux,
l'antique cimetière d'Arles ressemblait à celui de
Julia Concordia, à Rome. Les païens d'abord, puis
les chrétiens s'étaient fait ensevelir aux Alyscamps et
l'accumulation de leurs sépultures avait donné naissance à des légendes[3]. Combien l'aspect d'autrefois

1. Malnory, *Saint Césaire d'Arles*, p. 259.
2. Lib. I, cap. III, 25.
3.              Dis Aliscamp lou cementeri
                Plen de miracle e de misteri.... (Mistral, *Nerto*.)

ne ressemblait pas à l'aspect d'aujourd'hui! Cette
route célèbre, qui va vers Notre-Dame de Grâce, contient maintenant deux rangées à peine de cuves sé-
pulcrales s'étalant entre le canal et la prairie. Lorsque
nos ancêtres du moyen âge y accouraient en pèlerinage, quand l'Arioste le décrivit[1] et Dante le visita[2],
il y avait encore une superposition de cinq ou six
rangs de tombeaux. Le dessin de Bauméni nous
montre cette nécropole avec ses monuments de toutes religions, entassés ou épars, effrayants par leur
nombre et attirants par leurs souvenirs. Gervais de
Tilbury reporte au berceau même du christianisme
l'origine de ce champ des morts. Trophime avait voulu
établir à Arles une nécropole pour les orthodoxes.
La consécration achevée, le Christ apparut et, bénissant le cimetière, lui conféra la vertu de garder contre les attaques du démon ceux qui y reposeraient[3].

Confiants dans ces privilèges qui rappellent, selon
Ed. Leblant, une préoccupation constante des anciens au sujet du repos de leur dépouille terrestre,
les chrétiens firent de toutes parts amener leurs corps
dans cet asile béni.

Au moment où les Francs et les Burgondes assié-
gèrent la ville d'Arles, les travaux du monastère des
religieuses n'étaient pas achevés. Césaire en hâtait
fiévreusement l'exécution. Il avait tellement à cœur
cet établissement qu'il y travaillait de ses propres
mains[4]. Quelle douleur pour lui, lorsque les assié-

---

1. *Orlando furioso*, c. XXXIX.
2. *Inferno*, c. IX, v. 112-113.
3. *Otia imperialia*, III Decisio, c. xc : *de cemeterio Elisii
Campi et illuc advectis...*, t. I, p. 190.
4. Lib. I, cap III, 20 : « *Manuque propria et sudore con-
struxerat...*

geants, s'attaquant à son œuvre de prédilection, renversèrent les murailles et se servirent des matériaux pour former leur camp. Tout fut anéanti en cette année 508 !

Après le départ des envahisseurs, le saint se remit au travail et recommença ses constructions sur le même emplacement que la première fois — *instar prioris normæ*. — Le 26 août 513, on fit la dédicace du monastère sous l'invocation de saint Jean. C'est seulement plus tard qu'il commença à être désigné par le nom de son fondateur. L'installation du couvent de Saint-Jean, aux Alyscamps, ne fut pas définitive. Il semble par un texte de la *Vita* qu'il fut bientôt transféré dans la ville, à l'abri des remparts, près du théâtre, dans le quartier le plus rapproché du lieu abandonné. D'après Messien et Étienne, en effet, le feu prit « dans la ville, à la maison d'un nommé Jean, voisin des religieuses. Poussé par le vent, l'incendie gagna le monastère qui touchait, et il menaçait de tout brûler. Les servantes de Dieu sont dans l'effroi. Ne pouvant rompre la clôture, elles pensent aux citernes qu'elles ont fait creuser en cas de siège et, les voyant sans eau, s'y réfugient avec leurs effets. Césaire, prévenu du danger, a vite fait de franchir le court espace qui le sépare de ses filles et se montre au-dessus des remparts par où il était venu, bénit la flamme, prie, rassure tout le monde[1] ».

Pour fixer la date précise et les motifs de la translation du monastère, il faudrait une longue étude

---

1. Lib. II, cap. 11, 21. — Cf. *Vita Rusticulæ*. De quelques passages de cette *Vita* on peut déduire aussi qu'au vi[e] siècle, il y avait, en ville, un couvent de religieuses de Césaire.

critique que la nature de notre œuvre présente nous oblige à laisser au futur historien de l'abbaye de Saint-Césaire.

Celle-ci était située sur la lisière intérieure des remparts, au prieuré de Saint-Jean-de-Moustier, très curieux par l'antiquité de ses sculptures. Elle s'agrandit, ensuite, vers l'aile de Saint-Blaise, mais n'en continua pas moins de posséder dans le cours des siècles l'emplacement primitif et la basilique de Sainte-Marie [1].

Cette basilique avait trois nefs : saint Jean et saint Martin tenaient les côtés ; au milieu, le titulaire était la Vierge. Pour ôter tout souci de sépulture aux habitantes du monastère, le fondateur avait fait disposer, sur le pavé de l'église, de grandes tombes en pierre autour de celle qu'il s'était réservée pour lui-même [2].

L'arche étant construite, le nouveau Noé, comme parle Cyprien, y fit venir les colombes. Ce fut d'a-

---

1. *Archives des Bouches-du-Rhône. Fonds de l'abbaye de Saint-Césaire.* « En 732, le monastère fut détruit par les Sarrasins. Rostang, archevêque d'Arles, le rétablit l'an 897... » « Le premier monastère fut d'abord bâti aux Alyscamps, et plus tard, à cause des guerres, fut édifié dans la ville d'Arles... ». — « L'an 1360, du temps des guerres, le monastère, qui était hors la ville, fut transféré au prieuré de Saint-Jean de Moustier qui en dépendait, où il subsiste aujourd'hui... On construisit une autre église, à côté de Saint-Jean, sous le titre de Saint-Blaise. C'est aujourd'hui celle du monastère. » *Arles, Bibl. de la ville,* Mss. Fonds Véran. « Les religieuses de l'abbaye de Saint-Césaire s'enfermèrent dans Arles au ixe siècle, au moment des dévastations sarrasines, mais, après, elles retournèrent aux Alyscamps, puis revinrent entre la porte de l'Aure et l'église de la Major. » *Archives des Bouches-du-Rhône. Saint-Césaire.* Privilèges, n° 4.

2. Lib. I, cap. v, 44. Lib. II, cap. iv. 35.

bord Césarie, la sœur de l'évêque. Dès qu'elle eut manifesté l'intention de se consacrer à Dieu, il la dirigea sur Marseille. Cassien avait établi dans cette ville un couvent de femmes, aussi prospère, aussi renommé aux ve et vi[e] siècles que celui des hommes à Saint-Victor. La régularité, les vertus, la science, tout profita à Césarie. Son noviciat terminé, elle prit le chemin d'Arles, chargée de mérites et impatiente de jouir de son paradis des Alyscamps. Le frère est heureux de recevoir la sœur et de l'introduire avec deux ou trois compagnes dans sa cellule mysté-rieuse. Césarie avait été disciple à Marseille, elle de-vient maitresse à Arles... Là-bas elle avait appris, ici elle enseignera. Dès qu'on connut sa présence dans la maison monacale, toute clôturée de murs et fleurie d'amour céleste, de nombreux essaims d'Arlésiennes accourent aux Alyscamps. Renonçant au monde, di-sant adieu à leurs familles, dédaignant les joies périssables et les honneurs si courts de la terre, elles se jettent aux pieds de l'abbesse. « Césaire, Césarie, disent-elles, voilà notre père, voilà notre mère, voilà nos trésors avec Dieu. Nous repoussons de toutes nos forces les fleurs de vie trompeuses et caduques des mortels et nous voulons l'ambroisie du ciel. Au sein de ce monastère, près du cœur de Césarie, nous allumerons nos lampes divines et à leur clarté nous marcherons dans la voie qui nous fera gagner la patrie d'En-Haut. Heureuses de notre vocation, nous soupirerons après le jour de notre entrée au royaume qui nous méritera les éternels embrassements du Christ[1]. »

Il est temps de pénétrer dans le monastère et d'étu-

1. Lib. I, cap. III, 25.

dier sa règle. C'est par elle que naîtra son influence,
sa splendeur, son mérite. L'évêque d'Arles est ici
encore un novateur. Sans doute, avant lui, saint Basile, saint Ambroise, saint Jérôme, .saint Augustin,
Cassien s'étaient adressés aux femmes ou aux
vierges engagées dans la profession religieuse : leur
œuvre était plutôt une série de recommandations
qu'une ordonnance régulière précisant les devoirs et
s'opposant aux défauts. Avec la règle de Césaire,
paraît l'éclectisme cherchant ce qu'il y a de bon
dans les modèles du passé et orientant l'avenir vers
un fondement plus fort, plus pratique, plus parfait.

Recueillons ce vénérable monument d'antiquité
sur la discipline monacale des vierges et commen-
çons par citer le prologue tout entier.

« Aux saintes et très respectables sœurs en Jésus-
Christ que l'évêque Césaire a rassemblées à Arles
sous l'inspiration et l'aide de Dieu,

« Puisque le Seigneur, dans sa miséricorde, a daigné nous permettre de vous élever un monastère,
nous vous communiquons ces avis spirituels pour y
vivre selon les statuts des anciens Pères. Résidant
en permanence dans vos cellules, souhaitez la visite
du Fils de Dieu afin que vous puissiez dire : J'ai
trouvé Celui que cherchait mon âme. Je vous demande, chères vierges, consacrées à Dieu, qui at-
tendez sa venue avec vos lampes allumées et vos
consciences pures, de penser à moi dans vos prières.
N'oubliez pas votre compagnon de route ici-bas, et
obtenez qu'il entre dans le royaume du ciel avec
vous et les vierges sages ruisselantes des faveurs divines. »

Il y a quarante-trois articles dans la première

partie de la règle de Césaire et dix-neuf dans la deuxième, dite récapitulation [1].

Le premier article établit un régime claustral absolu. « Si quelqu'un, dit-il, quittant ses parents et renonçant au monde, veut entrer dans ce saint bercail pour échapper à la dent des loups spirituels, il faut qu'il ne sorte jamais plus du monastère ni de la basilique adjacente. »

Le dernier article conclut ainsi la récapitulation : « Personne n'a le droit d'ouvrir les portes qui sont au vieux baptistère, à la tour, au jardin, à la *schola* et à la basilique. La défense est rigoureuse et aucun semblant d'utilité ni de nécessité n'en dispensera. »

Voilà une des hardiesses du saint évêque. Jusqu'à présent la clôture était compromise, comme l'était le vœu de stabilité chez les moines [2]. Les sœurs sortaient, recevaient du monde, échangeaient des cadeaux délicats, écrivaient des lettres sans permission, se faisaient valoir auprès des hommes par de petits services... Tout cela charmait les loisirs d'une existence mal définie, mais tout cela aussi constituait des abus. Que de points intéressants sont ajoutés à cette prescription capitale pour la garantir de toutes manières ! Les visites au parloir, l'amitié des dames pieuses sont autorisées sous la surveillance des anciennes ; quant à l'éducation des jeunes filles, c'est le privilège des aspirantes à la profession religieuse [3].

Passons à la pauvreté. L'ordonnance de la cuisine est confortable. Césaire macère moins le corps

---

1. Plus tard, les directeurs de l'abbaye de Saint-Césaire ajoutèrent deux articles à ce total, mais ils proviennent de la règle de saint Benoît.

2. Cf. chapitre II.

3. *Reg.* X, XXXVI, V, XXVI, XXXIII, XXXIV.

qu'il n'interdit les goûts de superfluité. Deux ou trois plats aux repas et un dessert, aux jours ordinaires ; pour les fêtes, mets abondants avec douceurs illimitées [1].

Des offices de la cuisine comme aussi de la propreté de la maison, du lavage de linge, nulle n'est exemptée, sauf l'abbesse et la prévôte [2].

Assemblées dans le même local, les sœurs filent la toison des brebis qui fournit leur blanc costume ; elles confectionnent des vêtements pour le dehors, elles travaillent aux ornements d'église, elles apprennent à lire, à écrire, à s'instruire, enfin elles ont un atelier de manuscrits. Nul doute que de ces mains fines, intelligentes, pieuses, ne soient sorties des œuvres d'art et surtout des collections de documents intéressant l'évêque [3].

Un peu sévère sur les tableaux, les tapis, la décoration des murs, la règle était infiniment maternelle pour les malades, les convives, les manquements légers [4]. Les articles de broderie, de robe, d'ornements et surtout la forme, si importante pour la femme, de la coiffure [5] une fois fixés, restait la question des pouvoirs.

En tête est l'abbesse, qui résume toute autorité. Elle se fait assister par la prévôte [6]. Ces deux supérieures dominent les autres comme « les mères et représentantes de Dieu ». Les anciennes sont chargées d'assurer l'accomplissement de la règle, la pri-

---

1. *Recapitul.* XVI : « *Dulceamina addenda sunt...* »
2. *Reg.* XII.
3. *Reg.* VII, XVI, XLI. — Lib. I, cap. v, 44 : « *... Libros divinos pulchre scriptitent virgines Christi.* »
4. *Reg.* XLII, XXXVI, XXVIII, XXX, etc.
5. *Recapit.* VII.
6. *Reg.* XII, XVI, XXXIII, XLIII.

micière dirige l'école et le chant, la maîtresse des
novices s'occupe des jeunes sœurs, la trésorière
tient les comptes. Lingerie, cave, cellier, infirmerie
ont des directrices de service, de même qu'il y a des
intendantes pour la porte, le mobilier, la bibliothèque des livres de chœur. Rien n'est laissé à l'im-
prévu. La sagesse préside à la distribution des lectures, du travail .manuel, des offices, du chant;
elle veille à l'ordre des dortoirs, des conversations,
des deux heures de classe, du commerce d'amitié, à
la franchise du pardon des injures, de la réconciliation entre offensées, à l'aveu des faiblesses quotidiennes, enfin au dénombrement des pénalités et
corrections. L'ensemble de cette organisation de vie
commune est une merveille de précision, de bon
sens, de fermeté et de douceur. On ne s'étonne pas
qu'elle ait enthousiasmé les pieuses contemporaines
de Césaire jusqu'à en attirer plus de deux cents dans
ce cloître sympathique [1]. Il avait un aspect de charmante grandeur, ce *claustrum* avec sa haute ceinture
de murailles dominées par une tour protectrice;
mais sa véritable beauté venait du dedans, de ses
habitantes, des abbesses, de sa précieuse autonomie.
L'article XII de la récapitulation ordonne que l'é-
lection de la supérieure se fera par toute la communauté, sous l'inspiration de Dieu et en vue du
seul bien surnaturel.

L'évêque n'aura pas le droit d'intervenir, mais il
bénira l'abbesse élue, célébrera de temps en temps
dans l'oratoire les fonctions de son ordre et con-
naîtra des grosses infractions prévues par les canons [2]. Cette exemption est extraordinaire pour l'é-

1. Lib. II, cap. iv, 34 : « ... *Ultra ducentarum puellarum.* »
2. *Recap.* XIV.

poque. Ce qui l'est presque autant, c'est l'insistance que met l'auteur à recommander l'observation de ce dernier point. Il va jusqu'à citer au tribunal de Dieu les religieuses qui se permettraient d'y porter atteinte, ordonnant de les priver des réunions communes et de les punir isolément.

Que de choses même excellentes s'en vont avec leur fondateur ! Réaliser le bien et en même temps assurer l'avenir, voilà le signe de la vraie sagesse. Le Saint-Siège fut donc mis au courant de l'œuvre arlésienne et Hormisdas l'approuva dans une bulle de 514.

A la suite de la règle aux vierges figure le texte de ce Pape et la signature de sept coprovinciaux de l'évêque d'Arles. On devine la joie de Césaire en lisant la lettre de confirmation papale d'un ton si chaud et si élogieux.

« J'exulte de bonheur, mon très cher frère, et suis ravi en voyant votre sollicitude pour l'Église. Avec vous, elle est sans cesse en progrès et toujours vous accroissez son troupeau. Je vous loue d'avoir ajouté un splendide couronnement à la ville d'Arles par la création d'un couvent de femmes..... De notre autorité apostolique nous acquiesçons à votre demande, nous approuvons les règles et nous défendons qu'aucun de vos successeurs empiète quelque pouvoir sur ce monastère... Quant aux aliénations d'immeubles ecclésiastiques faites à ce sujet, nous les autorisons pour cette fois, priant Dieu, frère très cher, de vous garder en santé. »

Césarie l'ainée ne resta pas longtemps à la tête de sa communauté, ainsi que le déclare Cyprien : « elle émigra, peu après la dédicace de la basilique, dans le royaume du Christ, pour y vivre éter-

nellement avec Lui. Son corps fut enseveli dans une
des tombes rangées en symétrie sur le pavé du temple, en attendant ses autres compagnes. Ce fut Césarie la jeune qui lui succéda et qui devint la mère
de cette nombreuse famille de vierges tout en-
flammées d'ardeur pour l'abstinence, les veilles, l'o-
raison divine [1] ».

Nous ne savons si la seconde Césarie était parente
de la première; dans tous les cas, elle fut sainte
comme elle et conserva toutes ses traditions de
vertus. En changeant de figure, le monastère ne
changea pas de cœur et l'évêque l'aima d'une tendresse toujours rajeunie. Avec sa pensée constante,
sa foi et son âme passèrent dans cette œuvre si pure.
Il identifia son intérêt spirituel avec celui des sœurs,
donna une nouvelle expansion à tout son être attentif, fit le plus suave commentaire à sa règle et à sa
récapitulation.

Dans trois lettres ou exhortations [2], destinées à
Césarie la jeune et à ses filles, nous trouvons les avis
suivants :

« Vous me pressez, vénérable sœur, de vous
écrire quelque chose d'édifiant qui vous porte à
la perfection. Je n'ose vous le refuser. Les vierges
donc doivent mettre le monde sous leurs pieds,
cherchant, avant tout, la volonté de Dieu pour
l'accomplir. Le premier degré à atteindre, c'est
de lutter contre l'orgueil, principe de tout vice.
Très souvent on tombe de l'orgueil à l'impureté,
parce que l'un enfante l'autre. De même l'humilité

1. Lib. I, cap. v, 44.
2. Une lettre a été aussi adressée à Oratorie, abbesse d'un
monastère dépendant de Césaire.

sauve la continence. Il est d'expérience que le démon tient le monde entier sous sa griffe par ces
deux vices de l'esprit et du cœur. Armez-vous de
fortitude pour résister au mal et pratiquer le bien,
ne donnant pas de consentement à la tentation
mentale pour ne pas rouler dans le péché réel.
C'est dans le cœur qu'on déserte la grâce et qu'on
perd la victoire. Haut le cœur ! Puisqu'un clou
chasse un clou, fuyez la luxure par la pensée du
feu éternel de l'enfer, recourez à l'humilité vraie,
sincère, intérieure. Le labeur est difficile, mais la
promesse est si belle, la récompense si glorieuse.
Après la mort, l'âme prend son essor, et va jouir
tant qu'elle veut dans la compagnie des anges et le
royaume éternel du Christ...

« Je ne suis qu'un ignorant, couvert de péchés
et j'ose instruire les saintes ! J'ai de la tiédeur et je
viens réchauffer des âmes ferventes ! Je me traîne
péniblement dans le chemin de la vertu et je veux
exciter les vierges toutes transfigurées d'amour divin !
C'est vous, pieuse Césarie, ainsi que vos vénérables
compagnes, qui êtes complices de cette petite Admonition. Ne pouvant aller vous voir autant que je le
désirerais, je puise dans les saints Pères mes conseils de charité. De moi-même je n'ai que rusticité
et impuissance, mais, m'appuyant sur eux, j'enve-
loppe de leur charme mon fonds d'idées tout grossier. Gardez secrètement pour vous seules cette
communication spirituelle et ne la montrez à personne. Réjouissez-vous, vénérables filles, de votre
entrée dans le port du salut. Vous avez quitté les
ténèbres du monde pour voir la lumière du Christ.
Derrière vous, les plaisirs amers des passions ;
devant vous, les douceurs de la chasteté. Malgré les

combats qu'il vous faudra livrer jusqu'à la fin, je suis sûr de votre victoire. Oui, vous comprendrez qu'il ne suffit pas de quitter l'habit séculier et d'éviter les désordres du monde. Recueillir les fleurs du paradis, qui sont dans les Saintes Écritures, composer un collier de perles précieuses avec de bonnes actions, conserver l'arome de la continence, voilà le complément de votre religion... »

Césaire insiste longuement sur cette lutte du cœur et sur la flamme des passions. Il indique par quelles péripéties on passe, généreusement, de la virginité à la couronne du ciel et trace d'une main supérieure tous les secrets de la perfection religieuse : « Que les sœurs aiment leurs parents, les voient et prient pour eux ! Que la mère et ses filles du cloître s'affectionnent tendrement ! Par-dessus tout, chères sœurs, fuyez le venin de la jalousie, et ayez toutes les douceurs de la dilection. Colloques spirituels, consolations d'âmes, fraternité et unité de cœur, ne négligez rien pour vous montrer le *sursum*. Si vous êtes riches, nobles, puissantes, pensez que l'humilité de la religion vous élève plus haut que les grandeurs humaines ; si vous êtes pauvres, remerciez Dieu de ne vous avoir pas embarrassées des funestes liens du monde. Tenez la main à la charrue et, fermes, avancez toujours sans regarder en arrière. Vous, abbesse, faites contrepoids à vos soucis matériels par des lectures et des méditations fréquentes, précédez vos compagnes en vertus. La première à l'oratoire, sortez-en la dernière ; la première à l'ouvrage, la dernière au repos ; la plus ardente au jeûne, la plus mortifiée à table, la plus modeste de mise et d'attitude...

« Une cause de trouble c'est la préférence de

telles personnes. L'abbesse ne regardera pas l'usage ni les manières obséquieuses des sœurs : chacune sera aimée selon ses mérites. Quelquefois elle sera indulgente et quelquefois sévère, elle tranchera comme un couteau, elle armera sa main de la férule, mais aussi elle saura faire la moitié du chemin pour aider la pénitente et porter un peu son fardeau.

« Appelée au parloir l'abbesse ira par nécessité, mais, auparavant, elle marquera son front du signe de la croix. Enveloppée de pudeur, ressemblant à la bienheureuse Marie, qui parla brièvement à l'ange et réserva son entretien avec Élisabeth, elle conversera avec gravité, discrétion et bonté. Tous la loueront de l'agrément de sa présence. Si on lui demande une grâce qu'elle puisse accorder, son visage sera souriant. Un refus est toujours adouci par de bonnes paroles de regret. Envers tous, enfin, elle sera gracieuse et animée des meilleurs sentiments. »

Ce portrait d'abbesse n'est-il pas charmant? Il nous fait quitter avec peine les notations de clairvoyance, de tact, de finesse, de bon sens que Césaire a répandues dans sa fondation religieuse.

L'ensemble de ses règles, épîtres et commentaires fit une impression profonde.

Le monastère de Saint-Jean rayonna au delà de sa clôture et des murs de la ville d'Arles. En Italie, sur les bords du Rhin, en Gaule nous rencontrons ses idées et son influence. Césaire attira de loin une élite de vierges, qui forment une couronne de sainteté autour de son nom glorieux. Les archives de l'abbaye, les Bollandistes, le codex de saint Benoît d'Aniane nous offrent les plus touchants renseignements sur les premières fleurs de vertus qui embaumèrent le jardin fermé de l'Église.

Fortunat, le plus fin poète du vi[e] siècle, a maguifié l'envol de Césarie dans les phalanges des Agnès, des Agathe, des Paulina, et il réserve la même gloire à Liliole qui, dans sa conduite, retrace les mêmes vertus[1].

Nous ne saurions omettre le récit de la vocation de sainte Rusticule par Florentins, tant il charme l'esprit et émeut le cœur.

Sainte Liliole avait été formée par Césarie et lui succéda. Pendant qu'elle était abbesse, Clémence de Vaison perdit son mari. Restée seule avec son dernier enfant de cinq ans, elle concentra sur ce trésor toute son affection. Mais Rusticule, dès cet âge, avait eu le don de plaire à un guerrier de Gontran, nommé Chéraonius, qui, sans plus de façon, l'enleva pour se la destiner en mariage. Liliole intervint, écrivit à Gontran et à l'évêque d'Autun. Syagrius, d'accord avec le roi, contraignit le ravisseur à lâcher prise, et l'enfant fut conduite à Arles. L'abbesse vint elle-même la recevoir à la porte et, la pressant entre ses bras : Mon enfant, lui dit-elle, voici enfin la blanche colombe qui se réfugie sur le cœur de notre bien-aimé Père Césaire. — Et personne, ajouta la petite, ne pourra plus l'en arracher. — Elles faisaient allusion l'une et l'autre, par ces paroles, à un avertissement du ciel qui s'accomplit malgré les obstacles multipliés.

Rusticule ne tarda pas à faire les délices de toutes les sœurs. On se la montrait sage, pieuse, belle, intelligente, merveilleusement douée pour les cho-

---

1. Fortunatus, *Carm.*, l. VIII, 6. — Cf. M. Prou, *La Gaule mérovingienne*, p. 225 et s.

ses de Dieu. Elle avait une mémoire si heureuse
qu'en peu de temps elle sut par cœur une grande
partie des livres saints; et quand, parfois, elle s'en-
dormait sur les genoux d'une de ses maîtresses, il
suffisait que celle-ci continuât à lui enseigner un
psaume pour que l'enfant le répétât tout entier, au
réveil. La mère de Rusticule, de la noble race des
Rustici, établie dans sa villa d'Herbosacus à Vaison,
vint un jour demander sa fille, unique objet de son
amour. Toutes ses richesses elle veut les transmettre
à son héritière et jouir de sa douce compagnie.
Double résistance et vains efforts contre le veuvage
et la tristesse! La personne des vierges ayant vécu
dans le monastère plusieurs années était inviolable,
au nom des règles et du Saint-Siège; et par ailleurs,
la petite nonne refusait de sortir. L'attrait des
beaux appartements de Vaison, de robes luxueuses,
de bijoux de prix n'obtint que dédains inflexibles.

Ainsi la mère de Rusticule vit se réaliser la vision
qu'elle avait eue longtemps auparavant, lorsque Césaire lui apparut, lui demanda sa blanche colombe
de fille, l'emporta, joyeux, et la cacha avec bonheur dans son sein.

Agrégée de la sorte au monastère d'Arles, Rusticule montra une maturité de jugement exceptionnelle. Quand Dieu rappela la bienheureuse Liliole
de cette vie, toute la communauté se la donna pour
mère, quoiqu'elle eût à peine dix-huit ans [1].

Radegonde mérite une mention dans la galerie
primitive des grandes religieuses d'Arles. Très belle
figure que celle de cette princesse, vie faite autant
pour la poésie que pour l'histoire. Fille du roi de

---

1. *Bolland.*, 11 août. *Rusticulæ Vita.*

Thuringe, tombée en proie aux vainqueurs, elle
finit par échoir à Clotaire, le plus débauché des
enfants de Clovis. Il la fit élever dans une villa. A
dix-huit ans, apprenant que le roi prépare tout
pour ses noces, elle s'échappa, dans une barque,
du domaine situé sur la Somme où Clotaire la pour-
suivit. Mise au nombre des reines, elle se lève, la
nuit, pour s'envelopper d'un cilice, elle emploie les
jours à la prière, à l'étude, à des entretiens avec
l'évêque. Au bout de six ans de mariage, elle peut
enfin partir et se consacrer à Dieu, son mari n'osant
pas briser son vœu. A Poitiers, dans le monastère
de Sainte-Croix qu'elle a fondé, impossible de trouver une direction spirituelle. C'est alors qu'attirée
par la réputation de la règle de saint Césaire, elle
accourut avec l'abbesse Agnès auprès de l'abbesse
sainte Liliole. Mêlant leurs vertus, comme elles mê-
laient le même sang du Christ, ces religieuses vécurent quelque temps ensemble dans une mutuelle
estime. Tout imprégnées de l'ascétisme de Césaire
et emportant sa règle, Radegonde et Agnès retournèrent à Poitiers. Le monastère de Sainte-Croix fut
renouvelé par le monastère de Saint-Jean. On vit
la reine balayer les corridors, faire la cuisine, accomplir à son tour les offices les plus bas. Ardente
au jeûne, dévouée à ses compagnes, méditant les
Saintes Lettres, elle pratiquait des vertus héroïques ;
mais aussi son goût très vif pour le charme de l'esprit et les plaisirs de la société la reprenait quelquefois. Et là, elle donnait au règlement d'Arles un
accroc que Césaire aurait sûrement blâmé avec sa
coutumière sévérité. Sa nature aimante cultivait
l'affection de ses sœurs du cloître et passait un peu
au-dessus des murailles. Radegonde admit Fortunat

dans sa respectueuse amitié, Fortunat, le poète au coloris délicieux, qui a chanté la règle de Césaire « douce comme un vêtement de lin [1] ». Oh! oui, les règles de Sainte-Croix étaient douces, puisqu'elles lui permettaient de recevoir, presque chaque jour, en « eulogies », des paniers de mets, de fruits et de fleurs. Sa muse frivole, que nous a dépeinte Ch. Nisard, en un piquant mémoire [2], se jouait tout autant dans les petits festins auxquels les nobles nonnes prenaient part dans l'intérieur du monastère. Ces faits prouvent une grande délicatesse pour reconnaître des services réels, mais nous éloignent d'Arles et des usages pratiqués par les Césarie, les Liliole et les Rusticule.

Nous pourrions multiplier les rencontres d'influence arlésienne, mais, malgré tout leur intérêt, il faut revenir à Césaire. La fin de sa vie approche et sa suprême pensée reste pour ses religieuses. Le cher monastère de Saint-Jean a eu sa règle, ses privilèges et récapitulations, ses lettres et exhortations, il aura sa dernière sortie et son testament.

« Il atteignait soixante et treize ans, et ses infirmités ne laissaient plus aucun espoir de vie. Fréquemment, il s'évanouissait et demeurait sans connaissance. Nous avions beau nous imaginer que jamais sa santé ne fut robuste, l'heure de l'inéluctable terme allait sonner. L'homme de Dieu parlait de sa mort prochaine, qu'une révélation lui avait apprise, et il demandait si le jour de la déposition de saint Augustin était encore loin. Il souffrait beaucoup en ce moment, mais ne se plaignait pas. Père,

---

1. Fortunatus, *Carm.*, l. VIII, 6.
2. *Académie des Inscript. et Bell.-Lett.*, 1889, p. 30-49.

lui répondîmes-nous, nous touchons à cette fête. — Dieu soit loué, reprit-il, car ma mort n'est pas loin. Vous le savez, mon attachement à la doctrine catholique de cet évêque a été profond. Je confesse que je suis très au-dessous de ses mérites ; cependant, j'espère que je serai rappelé de ce monde le jour de saint Augustin.

« Sa sainte âme se disposait à sortir de son corps. Néanmoins, il voulut consacrer les dernières pensées de sa vie et donner encore une fois la bénédiction à ses filles tant aimées. Il se fit donc placer sur une chaise et transporter au monastère de Saint-Jean. Césarie et ses filles soupçonnant, dans leur indéfectible amour, la fin prochaine de leur père si bon, ne mangeaient plus, ne dormaient plus, ne pouvaient plus travailler.

« Elles priaient sans cesse, mais le chant des psaumes était constamment interrompu par leurs sanglots. Scène émouvante que cette visite du saint vieillard, venant consoler et accumulant au contraire la douleur. A la déformation de ses traits, à la pâleur de son visage, à sa faiblesse extrême, les sœurs comprirent vite qu'elles ne le reverraient plus.

« Il s'entretint, d'abord, avec l'abbesse Césarie en tout calme et entière douceur et l'exhorta à tenir haut la palme de sa vocation surnaturelle. Quant aux religieuses, il leur recommanda de garder la règle et de se souvenir de tous ses enseignements qui la complètent. Enfin il pria avec la communauté entière, composée de plus de deux cents filles, lui dit l'ultime adieu et la bénit. Césaire partit au milieu d'un rugissement de sanglots [1]. »

1. Lib. II, cap. iv, 33, 34 : « *Illis rugientibus, revertitur.* »

Le testament de l'évêque d'Arles, que nous possédons, fut rédigé uniquement en faveur du monastère constitué son héritier. C'est une pièce importante pour l'histoire de l'époque. Dom Morin a fait œuvre excellente en soumettant les objections de M. Krusch à un examen attentif, et en prouvant son authenticité contre des assertions infondées[1].

Toutes les préoccupations exprimées dans ce testament concernent les religieuses[2]. Césaire les prémunit contre les prétentions de sa propre famille à sa succession; il les recommande au clergé d'Arles, et principalement à son successeur, le conjurant d'être plein de miséricorde pour cet établissement; il confirme les donations de propriétés qu'il lui a faites, sous la sanction du Pape Hormisdas, et il affecte à son usufruit plusieurs autres terres dont il réserve le fonds à l'église métropolitaine. Par deux lettres qu'on n'a pas retrouvées[3], Césaire réclame du Préfet, des comtes et des membres de la curie la plus grande bienveillance pour son monastère. Il ne pouvait faire davantage pour ses filles du cloître.

C'était la veille de saint Augustin, et à l'heure de Prime; des diacres, des prêtres, plusieurs évêques, entouraient Césaire. Il mourut dans leurs bras, tout joyeux d'aller au ciel, en la fête de son grand modèle, le 27 août 543, la quarante et unième année de son épiscopat.

---

1. *Revue bénédictine*, XVI (1899).
2. Césaire lègue à son monastère des biens immenses situés en Camargue, au Trébon, en Crau. Il donne à sainte Césarie le grand manteau de chanvre qu'elle-même avait confectionné, et veut qu'Agritia, sa servante particulière, puisse entrer au service de l'abbesse.
3. Lib. II, cap. IV, 34.

Messien et Étienne terminent ainsi leur pieuse narration : « De tous côtés, les fidèles d'Arles manifestent leur deuil et veulent des reliques. Ils accourent auprès du mort, arrachent avec violence le vêtement qui le couvre et nous laissent à peine le pouvoir de défendre sa dépouille. Ce fut un jour de grande joie au ciel et d'immense tristesse pour la terre. Tous prennent part au chagrin de cette perte, les bons et les méchants, s'il y en avait. Personne ne put chanter aux funérailles, tellement le cœur était gros ! Justes, pécheurs, chrétiens, Juifs, habitants d'Arles, étrangers, tous accompagnent le cercueil en disant : Malheur, malheur, nous n'avons pas été dignes de conserver plus longtemps notre intercesseur et notre défenseur ! Il fut porté dans la basilique de Sainte-Marie, aux Alyscamps, qu'il avait construite lui-même, et enseveli dans le tombeau qu'il s'était choisi. »

Le corps de Césaire fut ramené plus tard dans le couvent interurbain, auprès de ses filles, qui ne cessaient de l'invoquer avec ferveur. Durant l'invasion des Sarrasins, églises, arènes, monuments de tous ordres subirent les outrages de ces farouches conquérants. Le sarcophage de Césaire fut « rageusement détruit ». Un texte lapidaire de 882 [1] nous l'apprend, comme il nous informe que Rostang, archevêque d'Arles à cette époque, « refit un tombeau en marbre à son prédécesseur, pontife de si sainte mémoire ».

Selon plusieurs pièces d'archives et des procès-

---

1. La date inscrite à la dernière ligne du texte porte DCCC LXXIII, mais, d'après l'indiction, la correction dans le millésime semble devoir se borner à changer le premier I en X.

verbaux de visites épiscopales[1], ossements, linges, reliques diverses de saint Césaire furent conservés au monastère de Saint-Jean[2]. Jusqu'à la Révolution, on les honora dans le royal couvent, autrefois si beau, aujourd'hui couché dans des ruines qu'on ne visite pas sans une profonde mélancolie.

[1]. *Archives départementales et Bibliothèque d'Arles, mss.*

[2]. « Le félibre de Maillane », l'illustre Mistral, a placé dans l'enceinte du *Grand Couvent de Césaire* le plus dramatique épisode des aventures de *Nerto,* glorieuse princesse de Châteaurenaud.

**A l'abadiè de Sant-Césari**
**Li mounjo dison lou rousari...**

Ce qui constitue la personnalité de Césaire se déduit, pensons-nous, très clairement de l'histoire de sa vie. En l'isolant, en le tirant du milieu des autres individualités, en le plaçant dans le cadre de son siècle, surgit, bien en relief, le moine, l'apôtre, l'homme de Dieu, le saint. Par le nombre prodigieux de documents qui nous entouraient, il aurait été facile de donner, avec plus d'espace, une vision autrement étendue, mais le tableau n'aurait peut-être rien gagné en coloris. Le sort d'une personnalité éminente étant attaché à son siècle, celui qui le connaît bien a la clé de la vie de son héros.

Avec Césaire nous avons donc fait une trouée de lumière sur l'église gauloise et la société mérovingienne. Il a été le résumé de sa période : rien de plus utile que de pénétrer un peu dans son milieu. Sans doute, l'évêque d'Arles n'appartint pas à cette race d'hommes de génie qui dominent tout un monde par leur intelligence. D'autres l'ont aidé dans son œuvre en lui apportant des matériaux. Lui se contenta d'être l'homme de son temps. Ses penchants, ses actions, sa physionomie souriante s'accordent très bien avec les besoins des contemporains.

Dirigé par un tact très fin, puisant sa source dans la vertu, il laissa ce qui était l'accessoire pour se retrancher dans le principal. Qui veut connaître la

genèse des mœurs d'aujourd'hui et de la culture générale actuelle doit se reporter à cet auteur. Ses
écrits sont d'autant plus précieux qu'il est placé
comme sur le versant de deux mondes, celui de Rome
païenne qui disparaît en s'écroulant, celui des Francs
qui se forme dans une conception batailleuse. La
vie spirituelle des catholiques atteint les campagnards
ignorants, cherche à détruire leur superstitions celto-
druidiques et envahit la Gaule par ses établissements
de bienfaisance. L'histoire de la littérature classique sait que, si l'évêque d'Arles n'a pas précisément
favorisé ce qu'on appelle le bel esprit, il a été un
excitateur puissant des études et de l'art chrétiens.

Homme politique, courtisan, il ne l'est pour
rien ; ce qui fait sa caractéristique très particulière,
c'est son amour pour les âmes, pour Rome, pour
le Pape, pour l'Église. La théologie et le droit
canon, la prédication et l'ascétisme peuvent s'a-
breuver abondamment à ses œuvres. Celles-ci expliquent la tradition, les coutumes nationales, l'origine de certaines hymnologies. Pendant que se
faisait sans lui l'unité politique dans la Gaule, il travaillait de toutes ses forces à l'unité morale et religieuse. La foi catholique est menacée dans le dogme
de la grâce, il la défend intrépidement à Orange ; les
principes de l'évangile sont grossièrement enfreints,
il les rappelle hautement dans ses livres ; la morale
se relâche par l'invasion des Barbares, il la réforme
dans les canons des conciles. Toutes les fois qu'il est
besoin d'un organisateur et d'un maître spirituel,
Césaire est présent. Aux moines et aux religieux il
assigne un idéal jusqu'alors inconnu ; aux chefs du
clergé, aux prêtres, aux diacres de toutes les provinces gauloises il communique des préceptes aussi

justes qu'éloquents. Pour tous il est un exemplaire et un modèle. Il sait plaire parce qu'il est ruisselant de bonté et qu'il puise sa piété aux plus pures racines du catholicisme. La science de l'hagiographie qui, au VIᵉ siècle, commence à remplacer la culture classique, ne paraît pas avoir exagéré lorsqu'elle appela Césaire un homme extraordinaire et un très grand saint.

Pour nous, il porte les signes d'un précurseur. Il a pensé ce que d'autres ont pensé seulement plus tard, il a dit et fait ce que beaucoup déclareront et pratiqueront dans la suite. De nos jours encore, l'observateur reconnaît dans le clergé, les moines, les fidèles et certaines écoles ce que l'évêque d'Arles avait recommandé dans ses statuts. Son code disciplinaire est très important, très fécond, mais rien ne vaut, vraisemblablement, le trésor de sa prédication. La chaire française pourrait gagner beaucoup à utiliser les sermons de ce grand prêcheur.

Dans le désordre et la dissolution des mœurs il élève un phare lumineux d'où jaillit une lumière éclatante. Les incertitudes de son époque de transition, les obscurités de son temps, il s'efforce de les condenser en formules, de les transformer en clartés. La nuit du haut moyen âge s'avance. Avec une conscience tremblante mais la force d'un apôtre, il se hâte à tracer le sillon du peuple chrétien.

Catéchiste des humbles comme des puissants, il leur a donné la doctrine qui réconforte; maître de l'Église mérovingienne tout entière, il a pressenti ses besoins et les a satisfaits; primat enfin et vicaire du Pape, il a serré les fidèles et les pasteurs autour du Saint-Siège, montrant par là un sens bien remarquable des destinées futures du pays franc.

# BIBLIOGRAPHIE

---

Voici l'indication des principales sources où j'ai puisé les éléments de ce travail.

I. — En premier lieu, deux petites biographies de Césaire, rédigées par les contemporains et intimes amis du saint évêque.

VITA S. CÆSARII EPISCOPI :
*Liber primus.*
*Auctoribus Cypriano, Firmino et Viventio episcopis.*
*Liber secundus.*
*Auctoribus Messiano presbytero et Stephano diacono.*

Viennent ensuite les écrits mêmes de Césaire : Dogme, Discipline, Morale, Prédications, Conciles, Lettres, Règles de religieux et de religieuses.

II. — Paris, Bibliothèque Nationale, fonds des manuscrits.
Marseille, Archives départementales, fonds de Saint-Césaire, de Saint-Victor, de Montmajour.
Arles, Bibliothèque, fonds des mss. et Archives communales, en particulier les collections manuscrites Bonnement et Véran.
Einsiedeln, Bibliothèque du monastère des Bénédictins, mss.

III. — *Revue bénédictine,* de l'abbaye de Maredsous (Belgique).
Depuis de longues années, dom Morin y publie avec

une science et un zèle incomparables des études du plus
haut mérite sur Césaire. Je ne saurais omettre de payer
une dette de reconnaissance à des travaux si considérables sur l'œuvre de l'évêque d'Arles.

*Revue d'Histoire et de Littérature religieuses*, année et
tome X, par M. Paul LEJAY. Rôle théologique de Césaire.

*Saint Césaire, évêque d'Arles*, thèse présentée à la Faculté des Lettres de Paris, par A. MALNORY, Paris, 1894.

*Cæsarius von Arelate, und die Gallische Kirche seiner
Zeit*, von Carl Franklin ARNOLD, Leipzig, 1894.

*Cæsarius, bishop of Arles, claimed as author of the Atha-
nasian Creed*, A. COOPER-MARSDIN, Rochester, 1903.

IV. — AMPÈRE, *Histoire littéraire de la France avant
Charlemagne*, Paris, 1870.

AVITUS, *M. G. H., Auctores antiq.*

BARRALI, *Chronologia Lerinensis*, Lugduni, 1613.

BERNARD (chanoine), *La basilique de Saint-Trophime*,
Aix, 1888.

BOLLANDISTES, *Acta sanctorum.*

CASPARI, *Kirchenhistorische Anecdota*, Christiania, 1883.

DUCHESNE, *Liber Pontificalis*, Paris, 1884-90; *Fastes épiscopaux de l'ancienne Gaule*, Paris, 1894.

ENGELBRECHT, *Fausti Reiensis*, Vindobonæ, 1891.

*Gallia christiana novissima*, par le chanoine Ulysse
CHEVALIER, Valence.

*Gennadius*, éd. Migne.

GRANIER, *Le concile d'Agde, à propos du quatorzième cen-
· tenaire*, Montpellier, 1906.

*Gregorius Tur.*, éd. Migne, *P. L.*, t. LXXI.

GUIZOT, *Histoire de la civilisation en France*, Paris, 1860.

HAUCK, *Kirchengeschichte Deutschlands*, Leipzig, 1887.

HEFELE, *Histoire des Conciles*, Paris, 1869-78.

*Histoire littéraire de la France*, par les Bénédictins de
Saint-Maur, N. E., Paris, 1866.

JORDAN, *Histoire de la ville d'Agde*, Montpellier, 1824.

LEBLANT (Ed.), *Inscriptions chrétiennes de la Gaule*, Paris,
1892; *Sarcophages chrétiens de la Gaule*, Paris, 1886.

LE COINTE, *Ann. eccles.*, Paris, 1665.

LONGNON, *Géographie de la Gaule au VIe siècle*, Paris,
1878.

Mabillon, *Acta sanctorum Ord. S. B. — Annales Ord. S. B.*, Lucæ, 1739.

Mansi, *Sacrorum conciliorum nova et amplissima collectio*, Florentiæ, 1762.

*Monumenta Germaniæ historica*, passim.

Robin, *Agde, son origine*, Paris, 1894.

Saxi, *Pontificium Arelatense*, Aix, 1629.

Sirmundus (J.), *Concilia antiqua Galliæ, Lutetiæ Parisio-rum*, 1629.

Thiel, *Epistolæ R. Pont. genuinæ*, Brunsbergæ, 1868.

Thomas (Eug.), *Mémoires de la Société archéologique de Montpellier*, 1854 : *Étude sur le concile d'Agde.*

Trichaud (chanoine), *Histoire de saint Césaire d'Arles*, Aix, 1864.

Véran (A.), *Le cirque romain à Arles*, Bergerac, 1911.

Villevieille (chanoine), *Histoire de saint Césaire, évêque d'Arles*, Aix, 1884.

*Vincent. Ler.*, éd. Klüpfel. *Commonitorium S. Vincentii Lerinensis*, Viennæ, 1809.

# TABLE DES MATIÈRES

Typographie Firmin-Didot et Cⁱᵉ. — Paris.

Lightning Source UK Ltd.
Milton Keynes UK
UKHW010757101218
333747UK00015B/1208/P